AF336673

DU
BAIL A COLONAT PARTIAIR

OU

BAIL A MÉTAIRIE

EN DROIT ROMAIN ET EN DROIT FRANÇAIS

LOI DU 18 JUILLET 1889

THÈSE POUR LE DOCTORAT

PAR

Félix-Antoine RIGAUD

AVOCAT A LA COUR D'APPEL

PARIS

LIBRAIRIE NOUVELLE DE DROIT ET DE JURISPRUDENCE

ARTHUR ROUSSEAU

ÉDITEUR

14, RUE SOUFFLOT ET RUE TOULLIER, 13

1891

THÈSE

POUR LE DOCTORAT

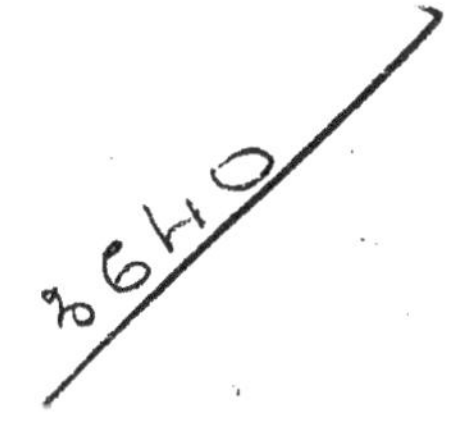

DU
BAIL A COLONAT PARTIAIRE
OU
BAIL A MÉTAIRIE

EN DROIT ROMAIN ET EN DROIT FRANÇAIS

LOI DU 18 JUILLET 1889

THÈSE POUR LE DOCTORAT

L'ACTE PUBLIC SUR LES MATIÈRES CI-APRÈS

Sera soutenu le Samedi 14 Novembre 1891, à 4 heures du soir.

PAR

Félix-Antoine RIGAUD

AVOCAT A LA COUR D'APPEL

Président : M. BOISTEL.

Suffragants : MM. LABBÉ, *professeur.*
MASSIGLI
SAUZET
agrégés.

PARIS

LIBRAIRIE NOUVELLE DE DROIT ET DE JURISPRUDENCE

ARTHUR ROUSSEAU, EDITEUR

14, RUE SOUFFLOT ET RUE TOULLIER, 13

1891

A MON FRÈRE

DROIT ROMAIN

DU COLONAGE PARTIAIRE

INTRODUCTION

Le colonage partiaire est un mode de location des terres en vertu duquel celui qui cultive, au lieu de payer comme le fermier une rente fixe en argent ou en produits, partage, dans une proportion déterminée, avec le bailleur, les produits de l'exploitation.

La culture directe de la terre par le propriétaire n'est pas toujours possible ; et mille motifs dans la vie sociale peuvent l'en détourner. Le louage des terres se présente comme une combinaison avantageuse assurant au propriétaire une juste partie de ses revenus et permettant au cultivateur de tirer parti de son travail et de celui de toute sa famille.

La rente fixe fut la première sans doute (1), parce que l'amodiation ne pouvant se concevoir que dans un état de civilisation déjà avancé, cette rente est plus simple et répond seule au but immédiat pour-

(1) Nous développons assez longuement cette idée dans l'introduction de notre thèse de droit français.

suivi par les parties ; la rente proportionnelle en fut aussitôt le correctif. Si rationnellement le fermage a dû précéder le colonage partiaire, ces deux modes d'exploitation ont pu coexister longtemps avant d'être juridiquement distincts.

Il serait téméraire de vouloir préciser l'époque et la nation qui virent naître cette institution ; intimement liée au développement de l'agriculture et à l'extension de la propriété individuelle, l'histoire de l'amodiation est celle de la civilisation elle-même.

CHAPITRE PREMIER

§ 1er. — Du colonage partiaire chez les Hébreux.

Pour ne pas remonter au delà des textes, le colonage partiaire apparaît comme existant certainement chez les Hébreux ; la Bible et le Talmud (1) surtout y consacrent plusieurs passages.

Joseph, d'après la Genèse (2), profita de la famine qui avait réduit les Égyptiens à la dernière misère, pour acheter leurs terres et les remettre au pouvoir de Pharaon ; il les distribua ensuite entre les mains des anciens propriétaires, et ceux-ci — devenus colons partiaires — devaient chaque année donner au roi le cinquième des produits.

Les Romains, bien des siècles après, quand ils eu-

---

(1) Législation du Talmud, traduction de Michel Rabbinowicz, Mischna, p. 424, 429, 431, 433.

Ghemara, p. 426, 432, 445.

Rapport de M. Million à la Chambre des députés.

L. Rerolle, *Le colonage partiaire.*

(2) Genèse, cap. XLVII, §§ 20, 23, 24. — *Emit igitur Joseph omnem terram Ægypti vendentibus singulis possessiones suas pro magnitudine famis, subjecitque eam Pharaoni..... Dixit ergo Joseph ad populos.... Accipite semina et serite agros ut fructus habere possitis. Quintam partem regi dabitis ; quatuor reliquas permitto vobis in sementem et in cibum familiis et liberis vestris.*

rent conquis l'Égypte, y conservèrent ou y rétablirent ce colonage partiaire à peu près tel qu'il était au temps de Joseph.

La part du colon partiaire chez les Hébreux, était souvent de la moitié et la durée du bail de sept ans.

Parabole des vignerons. — Si les textes que nous venons de mentionner établissent avec certitude que le colonage était une institution en usage chez les Hébreux, si le passage de la Genèse notamment met en pleine lumière ce point longtemps contesté, que la redevance consista au début en la dation d'une quote-part de produits bien inférieure à la portion que le colon gardait, un texte des Évangiles va nous fournir des indications plus précises encore sur ce mode d'amodiation aux premiers siècles de l'ère chrétienne.

Nous nous y arrêterons davantage, parce que la croyance erronée que le colonage, dans les législations anciennes, était une association, a peut-être plus contribué que les commentaires des glossateurs, à accréditer cette idée jusqu'à notre époque, et parce que surtout ce document, contemporain de la lettre de Pline, que nous commentons plus loin, vient la confirmer et jeter ainsi un jour nouveau sur la nature juridique du colonage dans l'antiquité.

Les trois évangélistes font en des termes presque identiques le récit de la *parabole des vignerons*, dont nous empruntons la traduction à un récent ouvrage du R. P. Didon (1).

(1) R. P. Didon, *Jésus-Christ*, p. 650.

« Un homme, un père de famille, planta une vigne, l'entoura d'une haie, y creusa un pressoir et y
bâtit une tour ; puis, l'ayant louée à des vignerons, il
partit pour un voyage lointain.

« Et, au temps de la vendange, il envoya un de
ses serviteurs pour recevoir des vignerons sa part du
fruit. Mais eux, l'ayant saisi, le battirent et le ren-
voyèrent vide.

« Il en envoya encore un autre, et ils le tuèrent ;
ensuite plusieurs autres, et ils battirent les uns et
tuèrent les autres.

« Et le maître de la vigne dit : — Que ferai-je ?

« Ayant un fils qui lui était très cher, il le leur
envoya le dernier. — Peut-être, se disait-il, qu'en
voyant mon fils, ils le respecteront.

« Mais les vignerons se dirent l'un à l'autre : —
Voici l'héritier ! Venez, tuons-le, et l'héritage sera
nôtre.

« Ils le prirent, le tuèrent, et le jetèrent hors de la
vigne.

« Que fera donc le maître de la vigne ? Il viendra,
il perdra ces vignerons, et donnera la vigne à d'autres qui en rendront ses fruits, en leur temps » (1).

(1) « *Homo plantavit vineam et locavit eam colonis ; et ipse pere-
gre fuit multis temporibus.*

« *Et in tempore misit ad cultores servum, ut de fructu vineæ darent illi. Qui cæsum dimiserunt eum inanem.*

« *Et addidit alterum servum mittere. Illi autem hunc quoque cæ-
dentes et afficientes contumelia, dimiserunt inanem.*

« *Et addidit tertium mittere: qui et illum vulnerantes ejecerunt.*

« *Dixit autem dominus vineæ : Quid faciam ? mittam filium meum*

Comme dans la lettre de Pline, il s'agit bien d'une location et du paiement par des colons d'une redevance en part de fruits. Les trois évangélistes se rencontrent pour employer les mêmes expressions précises : *locavit vineam ; misit ad cultores ut de fructu vineæ darent illi ; locabit aliis agricolis qui reddant ei fructum temporibus suis.*

C'est une objection bien singulière que de prétendre que le langage usuel est la contradiction même des choses qu'il exprime ; mais dira-t-on, comme pour la lettre de Pline, que le Christ n'était pas un jurisconsulte, qu'il pouvait ignorer la loi, ou, du moins, que son langage était mis à la portée de l'auditoire ignorant qui l'entourait ?

Ce n'est pas, il faut le remarquer, devant la foule des nomades, qui le suivaient de montagne en montagne, dans ses pérégrinations à travers la Galilée, que le Christ raconta la parabole des vignerons ; c'est dans le Temple même, à Jérusalem, et, comme le rapporte l'évangéliste (1), au milieu d'une assemblée de princes des prêtres, de scribes et d'anciens venus pour l'épier, surprendre ses moindres paroles et chercher à le confondre de leurs subtilités casuistiques.

dilectum : forsitan, quum hunc viderint, verebuntur.

« *Quem quum vidissent coloni, cogitaverunt intra se, dicentes : hic est hæres, occidamus eum, ut nostra fiat hæreditas.*

« *Et ejectum illum extra vineam, occiderunt. Quid ergo faciet illis dominus vineæ ?*

« *Veniet, et perdet colonos istos, et dabit vineam aliis.....* » Luc, XX, 9-16. Cf. Matth., XXI, 33-44 ; Marc, XXII, 1-11.

(1) « *.... Convenerunt principes sacerdotum et scribæ cum senioribus.....* » Luc, XX, 1 et suiv.

Comment se pourrait-il que devant un public d'élite qui lui était hostile, devant les interprètes même de la *Loi*, le Christ n'eût point employé des expressions précises, n'eût point tenu un langage conforme à la loi et à la réalité des choses ?

§ 2. — Du colonage partiaire en Grèce.

En Grèce, où la propriété était rigoureusement protégée, le colonage partiaire dut être fréquent.

Plutarque, dans la vie de Solon, dit que les pauvres qui ne pouvaient payer leurs dettes, cultivaient la terre en cédant la sixième partie du produit si mieux ils n'aimaient se constituer esclaves.

Les Ilotes, qui, après l'invasion du Péloponèse, furent réduits en esclavage par les Doriens, cultivaient la terre à moitié fruits et leur condition, d'après tous les auteurs, était très misérable.

Les Pénestes cultivaient dans de meilleures conditions : ils s'étaient donnés librement aux Thessaliens comme colons pour ne pas retourner en Béotie ; ils ne devaient que le septième ou le dixième des fruits.

Il peut paraître extraordinaire au premier abord que la part laissée au colon fut si considérable. On s'étonne également du renom de misère des Ilotes, quand on songe qu'en somme leur condition économique était celle précisément de nos métayers d'aujourd'hui.

C'est qu'à cette époque primitive l'agriculture naissait seulement ; les instruments agricoles étaient informes ; les procédés manquaient ; la guerre fréquemment détruisait les récoltes ; et la moitié recueillie de nos jours par le métayer représente incontestablement une quantité de denrées supérieure à celle qui échéait au colon grec.

L'inscription d'Esone (1) conservée au musée de Leyde, est certainement le document grec le plus intéressant sur le colonage partiaire ; elle date de l'an 345 avant J.-C., sous l'archontat d'Eubule. C'est peut-être le premier exemple de métayage libre dont nous ayons dans l'histoire la preuve certaine.

« Les habitants d'Esone, y est-il dit, ont loué à
» Autoclès et à son fils Auteas, pour quarante ans,
» la terre de Philaïda, moyennant un fermage annuel
» de cent cinquante-deux drachmes ; . . . .
» . . . .
» Si les ennemis chassent les fermiers ou détruisent
» quelque chose, les Esoniens auront la moitié des
» choses étant sur le fonds. . . . . »

Cette inscription, dans ses divers articles, prévoit les difficultés qui pourront se présenter dans l'exécution du bail ; et si ce bail à ferme, sous la condition prévue, devient un colonage partiaire, les mêmes règles seront applicables. C'est là une de ces clauses de transformation du fermage, comme nous aurons l'occasion d'en constater d'autres dans la suite.

La somme de cent cinquante-deux drachmes paraît bien représenter la valeur de la moitié des produits ;

(1) *Corpus inscriptionum græcarum*, pars II (Edition Boeck, 1828, tome I, p. 132 et suiv.).

la preuve en est dans ce fait que les Esoniens, autorisés à couper les oliviers, durent diminuer le prix du bail d'une somme égale à la moitié de l'intérêt du prix de vente des oliviers.

Il est à croire qu'à cette époque et dans cette contrée, la redevance normale était de la moitié.

§ 3. — Du colonage partiaire chez les Romains.

Origine du colonage partiaire. — A Rome quelle fut l'origine du colonage partiaire ? Fut-il emprunté aux Gaulois, aux Germains ? Vint-il de la Grèce où, comme nous l'avons vu, il existait déjà depuis longtemps ? Eut-il sa source dans une modification de ces concessions à titre précaire, concessions de moins en moins gratuites, que les patriciens faisaient à leurs clients (1) ?

Fut-il appliqué tout d'abord par l'État qui s'en serait servi comme d'un mode avantageux d'exploitation de l'*ager publicus* et des *saltus* surtout ? ou se dégagea-t-il peu à peu, sur l'initiative des particuliers, comme l'unique remède aux défectuosités du bail à ferme, à travers ces époques troublées où la guerre, tantôt détruisant les récoltes et ruinant les fermiers, tantôt enrichissant les citoyens de butin, devait dans tous les cas jeter une perturbation complète dans la valeur des produits ? C'est là un des coins les plus obscurs de l'histoire romaine.

______

(1) MOMMSEN (*Histoire romaine*, I), prétend que le concessionnaire donnait au concédant à titre de redevance une portion des fruits.

Les trois phases de l'agriculture à Rome. — Le silence des historiens s'explique par la petite place que l'amodiation·dut tenir au début de la civilisation romaine et par le champ très restreint que lui laissa aux différentes époques l'organisation sociale.

Dans les premiers siècles, l'agriculture est un honneur. Chaque famille n'ayant qu'une petite étendue de terrain la cultive elle-même : c'est la période de la petite propriété et où la culture se fait presque exclusivement par des hommes libres.

Après les guerres puniques, la situation est changée : les conquêtes successives donnant à l'État de grandes étendues de terrains pris sur l'ennemi et trop éloignées de Rome pour être à la portée de tous les citoyens, ces terres sont accaparées par les riches ; seuls ils ont assez de capitaux et d'esclaves pour les faire cultiver ; au début ils payent à l'État une redevance, le *vectigal*, mais bientôt cette redevance disparaît et l'usurpation devient complète (1).

D'autre part, les petits propriétaires, qui ne veulent pas se transporter au loin, se voient ruinés par des prêts usuraires et ne peuvent lutter contre la concurrence des produits étrangers ; ne pouvant payer leurs dettes, ils se voient obligés d'abandonner leurs champs. C'est en vain que les lois agraires essayent d'enrayer cette disparition de la petite propriété.

La guerre a d'ailleurs amené à Rome une quantité

(1) C'était là ces *patrimonia sparsa per orbem* dont parle Ammien Marcellin. Fustel de Coulanges, Le domaine rural chez les Romains, *Revue des Deux-Mondes* du 15 septembre 1886.

d'esclaves ; achetés à vil prix, ils ne dépensent presque rien et ne sont pas astreints au service militaire ;
ils sont préférés aux hommes libres pour toute culture qui ne demande pas des soins minutieux et surtout pour l'élevage, les *pastûs* qui se substituent de
plus en plus à la culture proprement dite.

Ce fut la période de grande propriété et de culture
par les esclaves.

A partir du IVe siècle la décadence de la société
romaine s'accentue ; les guerres, plus rares et moins
heureuses, ne sont plus pour le trésor une source de
revenus. La prodigalité des Césars augmente les dépenses publiques et des impôts écrasants pèsent sur
chaque citoyen. Les esclaves diminuent ; les affran-
chissements sont favorisés en vue d'augmenter le
rendement de la contribution personnelle, la *capitatio
humana*. C'est alors que le *colonat*, institution que
l'autorité impériale réglemente plutôt qu'elle ne l'établit, vient fixer à perpétuité le cultivateur au sol.

Le colonage partiaire et l'ager publicus. — Les
concessionnaires des terrains publics étaient-ils des
colons partiaires ? Appien (1) nous apprend que les
Romains laissaient une partie des terres qu'ils avaient
conquises aux anciens propriétaires dont ils se faisaient des alliés. Dans la partie qu'ils se réservaient,
les terres cultivées étaient concédées, vendues ou
louées, et les terres incultes, qui étaient de beaucoup
les plus considérables, étaient données à cultiver à
tous ceux qui en voulaient moyennant une redevance,

(1) Appien, *Guerres civiles*, liv. I, 7.

vectigalis nomine (1), du 1/10 des récoltes, du 1/5 des
fruits et d'une part du croît du bétail petit et grand.

Les Romains voulaient par ces concessions se ménager au loin des auxiliaires précieux.

Ces concessionnaires, au sens large du mot, étaient
des colons partiaires ; sans doute, l'État romain avait
moins en vue le revenu qu'il pouvait retirer de ces
terres qu'une colonisation bien comprise, une assimilation rapide des pays conquis ; mais il n'en reste
pas moins vrai que le procédé de colonisation revê-
tait la forme du colonage partiaire.

Ces concessionnaires en effet étaient des hommes
libres : des esclaves n'auraient pu servir aux armées.
Le vectigal n'était point un impôt, n'en ayant point
la généralité ; il n'était dû que par ceux-là seuls qui
cultivaient les terres publiques que l'État s'était
réservées.

C'était une redevance très minime, compliquée
d'une idée de générosité que l'intérêt de l'État expliquait suffisamment ; mais c'était incontestablement
une redevance proportionnelle au produit obtenu
sur des propriétés données à cultiver.

Il en fut ainsi, du moins à l'origine, avant que la
classe riche eût complètement accaparé ces *saltûs*.

(1) Garsonnet, *Histoire des locations perpétuelles*, p. 116 et 117,
dit que ce vectigal, payable quelquefois en argent, mais le plus
souvent en nature, a une triple destination : c'est une redevance
récognitive du domaine de l'État ; c'est pour ce dernier une source
de revenus ; c'est enfin pour le *colonus*, qui reçoit une quittance
du publicain, un titre de possession.

D'après Cicéron, ce fut une loi Thoria (1), 110 ans avant Jésus-Christ, qui, sanctionnant un fait accompli, déclara ces concessions franches de toute redevance et en fit une véritable propriété quiritaire.

Telle fut encore la condition des Siciliens pressurés par Verrès (2). Ils donnaient le dixième des produits ; cette redevance n'était due que par ceux qui cultivaient cette partie de la Sicile qui avait formé l'*ager publicus* et qui cst la même que celle dont nous parle Appien.

Nulle part dans les *Verrines* il n'est parlé de confisquer les terres ; on ne confisque que les récoltes ; on fait subir des tortures aux Siciliens, mais leurs champs leur restent tant qu'ils ne les quittent pas ; et n'est-ce pas alors parce que ce sont des concessionnaires et qu'ils n'ont qu'un droit de jouissance.

Ces Siciliens sont des hommes libres ; Cicéron s'indigne de ce que Verrès ait osé faire battre de verges, en pleine place publique, des hommes qui se réclamaient du titre de citoyens romains.

Du colonage partiaire sur les propriétés privées. — Les premiers traités romains sur l'agriculture ne sont pas riches en documents sur le colonage partiaire. Caton est le premier auteur qui y fasse allusion, sans donner d'ailleurs aucune explication. Varron, Columelle, n'en parlent point dans leurs traités, et il

______

(1) Garsonnet, *op. cit.*, p. 123.

(2) Cicéron, Deuxième action contre Verrès, liv. III, p. 23 : *Colonus aratorque vester....* ; liv. III, 6 : *is ager a censoribus locari solet.*

faut aller jusqu'à Pline pour en trouver une seconde mention.

Le colonage partiaire avait-il existé avant Caton ? avait-il disparu après lui jusqu'au IIe siècle ? et comment expliquer ce silence des auteurs de Caton jusqu'à Pline ? Parcourons les textes.

I. TEXTE DE CATON. — Le texte de Caton (1) est ainsi conçu : *Vineam curandam partiario bene curet, fundum, arbustum, agrum frumentarium. Partiario fœnum et pabulum quod bubus satis siet, qui illic sient. Cætera omnia pro indiviso.*

Notons tout d'abord que Caton donne ici en agronome des conseils aux propriétaires et qu'il n'a aucunement en vue de s'occuper spécialement du colonage partiaire ; il dit de laisser au colon partiaire le foin et tout ce qui est nécessaire à ses bœufs, tout le reste demeurant *pro indiviso*.

Que veut dire *pro indiviso* ? Cette expression, évidemment vague, signifie-t-elle qu'il devra y avoir un partage par moitié ? indique-t-elle simplement un partage à intervenir dans une proportion donnée par le contrat ou par l'usage ?

Dans le passage cité, on voit bien que le partiaire a seul le cheptel vif, qu'il prélève tout ce qui est nécessaire à son entretien, et que la moitié des autres récoltes laissée au propriétaire n'aurait peut-être rien d'excessif ; il est pourtant difficile d'admettre cette solution : dans la plupart des pays de l'antiquité, partout du moins où la liberté du colon fut entière, sa

—————
(1) *Traité d'agriculture*, § 137.

part fut considérablement plus forte que celle du propriétaire ; il gardait tantôt les 4/5, tantôt les 5/6,
tantôt les 3/4.

La coutume de partager par moitié l'ensemble des
produits ne dut s'introduire qu'assez tard ; le mot de
medietarius ne date que du Xe siècle et il est fort probable que le mot fut sensiblement contemporain de
la situation qu'il exprime.

Si l'on rapproche, du reste, l'expression de Caton
pro indiviso de cette autre expression que nous trou-
verons dans Pline : *partibus locem*, on remarque une
analogie frappante indiquant bien l'intention de ces
auteurs de ne rien préciser. On partagera, voilà tout ;
la proportion est à fixer et rien de plus naturel : ces
partes agrariæ, en effet, devaient varier, non seulement selon les lieux, les usages, mais encore selon la
nature et la fertilité des différents fonds.

II. Lettre de Pline (1). — « Je suis retenu ici par

(1) Pline, liv. IX, lettre XXXVII. — « *Nec tuæ naturæ est, trans-
laticia hæc et quasi publica officia a familiaribus amicis contra ipso-
rum commodum exigere : et ego te constantius amo, quam ut verear
ne aliter ac velim accipias nisi, te calendis statim consulem videro :
Præsertim quum me necessitas locandorum prædiorum plures annos
ordinatura detineat ; in qua mihi nova consilia sumenda sunt.
Nam priore lustro, quanquam post magnas remissiones, reliqua cre-
verunt : unde plerisque nulla jam cura minuendi æris alieni quod
desperant posse persolvi ; rapiunt etiam consumuntque quod natum
est, ut qui jam putent se non sibi parcere. Occurendum ergo auges-
centibus vitiis et medendum est. Medendi una ratio si non nummo sed
partibus locem ac deinde ex meis aliquos exactores operis et custodes
fructibus ponam : et alioqui nullum, justius genus reditus, quam quod
terra, cœlum, annus refert. At hoc magnam fidem acres oculos nume-
rosas manus poscit ; experiendum tamen et quasi in votori morho*

» la nécessité de louer mes terres de façon à y mettre
» un peu d'ordre. Or il faut que je prenne des arran-
» gements nouveaux. Dans le bail qui vient d'expirer
» j'ai dû accorder de fortes remises aux fermiers.
» Malgré cela ils n'ont pas pu s'acquitter et leur ar-
» riéré monte très haut. Désespérant d'éteindre
» jamais leur dette, ils ne se soucient même plus de
» la diminuer ; ils perdent et gâchent tout ce que le
» domaine produit parce qu'ils ne se sentent aucun
» intérêt à rien ménager. Je dois chercher un remède
» à ce mal et je n'en vois qu'un : je ne louerai plus
» en argent, je louerai à part de fruits. Cela fait, il
» faudra que je place sur ces terres quelques esclaves
» pour obliger ces cultivateurs à travailler et aussi
» pour tenir compte des produits du domaine et en
» avoir la garde. Il faudra des gens dont je sois sûr,
» des yeux vigilants, et beaucoup de bras. »

Dans une autre lettre, parlant d'un domaine qu'il désire acheter, Pline se plaint également de ces fermiers, *obœrati*, qui laissent souffrir la culture et font partout baisser le prix des terres (1).

Ulpien (2) les signale également et il deviendra d'usage de léguer un domaine avec la formule : « Je lègue avec l'arriéré des fermiers » (3).

quœlibet mutationis auxilia tentenda sunt. Vides, quam non delicata me causa obire primum consulatus tui diem non sinat : quem tamen hic ut præsens votis gaudio gratulatione celebrabo, Vale. »
(1) Pline, liv. III, 19.
(2) Digeste, l. XIX, t. II, 15.
(3) Digeste, *De instructo legato*, XXXIII, 7.

III, Inscription de Sienne. — Un troisième document nous est présenté par Bertagnolli (1) et Rumohr (2) ; c'est un contrat de fermage découvert dans les archives de la ville de Sienne ; il date de l'année 1258 : « *Salvo et dicto expressum inter me et te, quod si infra dictum tempus res prædictas devastarentur ab inimicis communis Senarum, vel degradarentur, non tenearis solvere affictum pro illo anno, sed tenearis mihi dare medietatem blade et vini* ».

C'est un contrat de bail à ferme avec cette clause que nous avons déjà constatée de transformation en colonage partiaire dans le cas où la guerre viendrait à dévaster les champs.

IV. Le saltus Burunitanus. — Le colonage partiaire paraît avoir été employé de bonne heure comme mode de défrichement des *saltus*. Les *saltus* étaient au début des terrains incultes, montueux ou boisés, abandonnés aux troupeaux (3). Plus tard lorsque ces terres furent cultivées, les noms, survivant, comme on le voit encore dans nos campagnes, aux modifications survenues, ne changèrent pas ; et le *saltus* représente des terres de labour ou des prairies situées en dehors du domaine des cités (4).

Quand les propriétaires de ces vastes étendues de terrains voulurent les défricher, les mettre en culture,

(1) Bertagnolli, *La colonia parziaria.*
(2) Rumohr, *Ueber die Besitzlosigkeit der colonen in Toskana.*
(3) Festus, p. 302 : *Saltus est ubi sylvæ et pastiones sunt.*
(4) Fustel de Coulanges, *Recherches sur quelques problèmes d'histoire*, p. 26.

le colonage partiaire se présenta comme l'instrument le plus commode.

Il n'y avait pas, comme avec des fermiers, à se préoccuper de l'évaluation des produits probables. Ces terres, n'étant pas aménagées, pouvaient donner rapidement des rendements considérables, ou, au contraire, déjouer toutes les prévisions.

Avec la redevance à part de fruits, le danger disparaissait pour le colon, et, de son côté, le propriétaire était sûr de retirer de son fonds une redevance proportionnelle au rendement.

Il est probable également que, comme l'État qui le premier avait loué ces *saltus*, le propriétaire ne s'engageait à rien fournir au colon que le fonds nu, en laissant à sa charge le cheptel et les instruments agricoles (1).

L'inscription de Souk-el-Khmis découverte en 1880, sur la route de Carthage à Bulla-Regia, fournit des renseignements curieux sur la condition des colons de *saltus* au II° siècle (2).

Il est question d'un *saltus* appelé *Burunitanus* occupé par des cultivateurs libres dont plusieurs sont citoyens romains et dont la redevance consiste dans une part de fruits et un certain nombre de journées d'hommes et de bœufs.

Ces colons se plaignent à l'empereur Commode de ce que le fermier de ses domaines, l'adjudicataire,

(1) Contr. Gasparin, *Du Métayage*, p. 42 et suiv.

(2) V. la description et le texte de l'inscription dans les *Mélanges d'histoire du droit et de critique* de M. Esmein, p. 293 et suiv.

conductor (1), leur a imposé des conditions injustes en aggravant les charges et de ce que le *procurator* n'a pas écouté leurs premières plaintes. L'empereur Commode fait droit à leur demande.

Ces colons, comme le dit Fustel de Coulanges (2), sont des colons partiaires ; ce qu'ils doivent à l'empereur ou à son représentant, *A llius*, c'est ce que l'inscription appelle *partes agrariæ* d'une part, *operæ* d'autre part. Le sens de ces deux termes apparaît clairement ; les *partes agrariæ* sont une part de la récolte. Une loi du Code Théodosien désigne la même chose par le mot *agraticum* et ajoute que c'est ce que le propriétaire reçoit au temps de la moisson (3). Les *operæ* sont des journées de travail et le *jugum* qui s'y ajoute est la paire de bœufs avec laquelle le paysan laboure.

M. Esmein (4) combat l'opinion de Mommsen qui voit dans le *saltus* des colons de condition entièrement libre. L'inscription, dit-il, indique des gens qui approchent de l'esclavage sans y toucher cependant. Ils paraissent cultiver la terre, non en vertu d'un bail proprement dit même perpétuel, mais par suite d'un lien différent dont l'origine n'est point le mutuel consentement. Il en voit une preuve dans l'existence de la corvée et dans ce fait qu'il a été possible au *procu-*

(1) Ce *conductor* est une sorte de fermier général qui a sous sa main des colons qui travaillent la terre.
(2) Fustel de Coulanges, *op. cit.*, p. 59.
(3) Code Théodosien, l. VII, t. 20, l. 2.
(4) Esmein, *op. cit.*, p. 315 et 316.

rator d'augmenter les redevances et les corvées ; et, si nous ne nous trompons point, ce lien qui attache étroitement le cultivateur au sol, M. Esmein le trouve dans la coutume, d'abord, et dans ce pouvoir de surveillance et de répression qu'avait le *procurator* sur les colons impériaux.

Développement du colonage partiaire. — Tous ces textes nous permettent de nous faire une idée du développement du colonage partiaire. Nous avons dit que rationnellement le fermage dut précéder le colonage partiaire ; les faits semblent bien, à Rome, corroborer notre opinion. Le colonage partiaire eut sa source dans le changement du louage en argent en louage à part de fruits. C'était tantôt la guerre, tantôt une suite d'années mauvaises qui ruinaient les petits fermiers ; plus tard, ce fut aussi l'importation toujours croissante des blés étrangers ; d'autres causes multiples pouvaient concourir pour amener cet état de misère des fermiers, et il ne fallait guère compter y remédier en prenant de nouveaux fermiers — ce qui n'aurait rien changé en définitive ; il n'y avait qu'une solution pour le propriétaire, celle que l'inscription de Sienne prévoit, celle que Pline indique, *una medendi ratio,* c'était de partager les produits dans une certaine mesure avec le colon.

Cette transformation, Fustel de Coulanges nous le fait remarquer, ne fut ni subite, ni générale, ni d'une époque plutôt que d'une autre. Elle se fit lentement, isolément, sur l'initiative de chaque propriétaire. Le législateur n'avait pas à intervenir ; rien n'était changé dans la condition juridique du colon. Elle passa dans les mœurs sans attirer l'attention et c'est ce qui explique le silence des auteurs. Il est fort à croire, si l'on remarque la façon toute incidente dont il en est parlé, que les historiens romains n'y virent pas un mode spécial d'amodiation ; et, si l'on se rappelle, d'autre part, que, dans les premiers temps où l'argent était rare, les choses d'une consommation usuelle remplaçaient le numéraire et devenaient, comme l'a dit Montesquieu, la monnaie de la monnaie, on ne saurait leur faire de cet oubli ou de ce manque d'analyse un reproche bien sérieux : c'était toujours le même contrat ; la redevance seule était changée.

Ces grandes idées d'équité, d'association du cultivateur au propriétaire, *cette société de gain et de perte appelée à réconcilier ceux qui sont destinés à travailler avec ceux qui sont destinés à jouir* ne semblent pas avoir beaucoup préoccupé l'antiquité, ni donné, comme à notre époque, au colonage partiaire une forme, ou du moins, une tendance particulière. En fait, la situation du fermier devenu colon partiaire se trouve aggravée ; il perd une partie de son indépendance ; — Fustel de Coulanges y voit même un acheminement vers le *colonat*, un état transitoire entre la location libre et la servitude de la terre. — *Aliquos ex meis exactores operi et custodes fructibus ponam*, dit Pline à la fin de sa lettre ; et il continue avec bonhomie : *et alioqui nullum, justius genus reditus, quam quod terra, cœlum, annus refert ?* « Quel plus juste revenu que celui qui nous tombe du ciel ». Pline ne semble pas y voir autre chose ; et il sera intéressant de nous demander, dans la suite de cette étude, si, sous les apparences nouvelles et quelques exceptions toutes de philanthropie, les siècles en passant ont apporté à cet état de choses de bien profondes modifications.

CHAPITRE II

§ 1er. — Définition.

Le colonage partiaire est un contrat par lequel une personne, *locator*, s'engage à procurer pour un certain temps la jouissance d'un fonds frugifère à une autre personne, *conductor*, qui s'oblige en échange à cultiver ce fonds et à en partager les fruits dans une certaine proportion.

Dans le langage usuel le *locator* est souvent appelé *dominus*, parce que généralement il est propriétaire du fonds. Le *conductor* est appelé *colonus*, parce qu'il cultive la terre, et d'une façon plus spéciale et plus précise *colonus partiarius*, ou simplement *partiarius*.

Malgré les liens étroits qui le rattachent au fermage, le colonage partiaire s'en distingue en ce que le fermier proprement dit fournit une redevance qui consiste en une somme déterminée, et le fermier en nature, une redevance qui consiste en une quantité invariable de fruits. Ces deux sortes de fermiers cultivent, ou font cultiver sous leur responsabilité, avec une entière indépendance.

Le colon partiaire doit au contraire tenir compte des conseils du *dominus*, qui est intéressé autant que lui au succès de l'exploitation ; tous deux, en effet, auront à partager les mêmes récoltes et à subir les mêmes pertes.

§ 2. — **Différents systèmes sur la nature du colonage partiaire.**

La rareté des textes, ou plutôt l'unique loi du Digeste, où il est parlé du colon partiaire, a donné lieu à de vives controverses entre les jurisconsultes et les commentateurs du moyen âge, sur la nature du colonage partiaire. On en comprend facilement toute l'importance quand on se rappelle que, jusqu'à la rédaction de nos codes, c'est le droit romain, plus ou moins modifié par la coutume, qui a régi notre contrat.

Les uns y voient un pur état de fait, d'autres un contrat innommé ou un contrat de société, d'autres enfin, avec lesquels nous nous rangeons sans hésiter, un contrat de louage.

Nous exposerons sommairement les systèmes que nous repoussons, en rejetant, pour éviter des redites, la réfutation dans l'exposé du système que nous soutenons.

1er SYSTÈME.

Le colonage est un état de fait non sanctionné par le droit. — Fustel de Coulanges (1) pense que le colonage partiaire n'était pas un contrat, mais un pur état

____

(1) Fustel de Coulanges, *op. cit.*, p. 14 et suiv.

de fait qui ne créait aucune obligation et dont les jurisconsultes n'avaient pas à s'occuper ; le colon partiaire, dit-il, n'a pas comme le fermier une action en justice ; le droit ne le protège pas ; il n'a d'autre garantie que celle que la loi assure à sa liberté native, qui est inaliénable. Le propriétaire ne pourra donc jamais faire de lui son esclave ; à cela près, il pourra tout sur lui.

Il s'est passé sur la plupart des terres ce que Pline a fait sur les siennes ; quand les fermiers ne pouvaient plus payer les fermages, ils étaient transformés en colons partiaires, et on ne saurait admettre que ces hommes qui sont entrés libres sur un domaine et qui s'y trouvent retenus comme débiteurs y restent aux conditions stipulées dans le contrat primitif ; il n'y a pas lieu à tacite reconduction puisque les engagements du premier bail n'ont pas été tenus.

Le colonage partiaire ne saurait constituer une location puisqu'il ne renferme pas l'énoncé d'un prix certain. On s'attendrait à ce que le prix pût consister en une part de récolte, mais cela ne se voit nulle part. Les jurisconsultes, dans tous les exemples qu'ils citent de la location, parlent toujours d'un prix en argent ; et le seul qui mentionne en passant un colon partiaire le sépare nettement du fermier.

2e SYSTÈME.

Le colonage partiaire est un contrat innommé. — En droit romain, lorsqu'on était incertain sur le point de savoir si une convention présentait réellement les caractères de tel ou tel contrat nommé, lorsqu'on ne savait quelle action donner au demandeur, quelle action au défendeur, il était de principe de considérer cette convention comme un contrat innommé et de donner l'action *præscriptis verbis*. Les exemples abondent : L. 8, *Code de pactis*, liv. II, tit. 3. — *Institutes*, liv. III, tit. 24, par. 2. — Digeste, loi 1, par. 1 et loi 6, liv. XIX, tit. 5. — Digeste, loi 23, liv. X, tit. 3. — Or le colonage partiaire ne pouvait être assimilé à aucun des contrats nommés, ni au louage, ni à la société ; c'était donc un contrat spécial, un contrat innommé.

« *Ego fateor quidem*, dit le Président Fabre, *ex locato et conducto agi non posse cum non sit locatio, non interveniente pecunia. Sed nego agi posse pro socio, cum non sit, vere sed similitudinarie tantum, contractus societatis at potius contractus quidam innominatus, ex quo nulla alia quam præscriptis verbis actio nasci potest.* »

La loi *si merces*, en nous montrant que le colonage a des analogies avec la société et avec le louage, nous indique par là même qu'il n'est ni l'un ni l'autre, mais un contrat spécial tenant des deux ; et de là, sans doute, l'expression *colonus partiarius* qui reflète l'idée de louage et de société.

Enfin c'était déjà déroger aux principes que d'admettre avec Africain (1) que la *merces* pouvait consister en une quantité déterminée de fruits. Ce serait

______
(1) Dig., loi 35, par. 1, XIX, t. 2.

oublier que les exceptions sont de droit étroit que d'étendre cette assimilation au colonage partiaire.

Ce système a été soutenu par un assez grand nombre de commentateurs (1).

3ᵉ SYSTÈME.

Le colonage est un contrat de société. — Ce troisième système est celui qui a soulevé les plus violents débats. Nous ne saurions mieux faire pour l'exposer que de reproduire l'arrêt du 21 février 1839 de la Cour de Limoges où cette opinion a été formulée doctrinalement à la grande admiration de Troplong (2).

« ..... Attendu que la question gît uniquement
» dans le point de savoir si le bail à colonage par-
» tiaire constitue un contrat de louage, comme le
» prétend l'appelant, ou s'il constitue un contrat de
» société, comme cela est soutenu par l'intimé ;

» Attendu que, suivant les principes du droit ro-
» main, le bail à colonage partiaire est considéré
» comme un contrat de société, ainsi qu'en font foi
» les textes suivants : *Partiarius colonus, quasi socie-*

---

(1) Entre autres : le Président Fabre, *Comm. sur la loi* 25, p. 6, XIX, 2, col. 585.

Godefroy, Glose sur la même loi, col. 601.

Guy Coquille, *Questions et réponses sur les coutumes de France,* question 205, p. 414.

La Cour de Limoges, dans son arrêt du 26 avril 1848, semble aussi adopter ce système et s'écarter singulièrement de la jurisprudence qu'elle avait établie en 1839, comme nous allons le voir. V. Dalloz, 1849, 2, 173.

(2) Troplong, *Echange et louage*, II, p. 390.

» *tatis jure, et damnum et lucrum cum domino partitur*
» (Loi 25, § 6, Dig. *locat. conduct.*, liv. XIX, tit. 2).
» *Socios inter se dolum et culpam præstare opportet. Si*
» *in coeunda societate artem operamve pollicitus est*
» *alter, vetuti'cum pecus in commune pascendum, aut*
» *agrum politori damus in commune quærendis fructi-*
» *bus* (Loi 52, § 2, ff., *Pro socio*, liv. XVII, tit. 2) ;
» » Attendu que les docteurs interprètes de la loi
» romaine s'accordent tous à reconnaître dans le bail
» à colonage les caractères du contrat de société, et à
» le distinguer du contrat de louage : *Inter colonum*
» *partiarium locationis contractum proprie non esse,*
» *sed potius societatis* (Fachin, liv. I, chap. 82). *Si*
» *quis colono agrum colendum det, et partiantur fruc-*
» *tus, non contrahitur locatio, sed societas ; nam loca-*
» *tio fit mercede, non partibus rei* (Cujas, *ad leg.* 12,
» *de præscrip.*). *Societas dicitur cum colono partiario*
» *sed locatio cum colono qui nummis colit* (Barthole,
» sur la loi 25, au Dig. *locat. conduct.*) ;
» « Attendu que la doctrine du droit romain avait
» passé dans l'ancien droit français, comme l'ensei-
» gnent Ferrière, *Dictionnaire de droit*, v° *Admodia-*
» *teur*, et le nouveau Denisart, v° *Bail partiaire* ; —
» Qu'ainsi il faut reconnaître que, d'après les prin-
» cipes de l'ancien droit, le bail à colonage partiaire
» était une société ayant pour objet l'exploitation
» d'un domaine dans laquelle le bailleur fournissait
» le fonds à cultiver, et le preneur son industrie et
» ses labours pour la culture ».

Ce système, d'après ses partisans, aurait été celui

de la plupart des principaux commentateurs : Barthole, Fachin, Voetius, Accurse, Domat, Cujas, etc.

4° SYSTÈME.

Le colonage partiaire est un contrat de louage. — Ce système est celui que nous adoptons parce que seul il nous semble conforme aux principes et aux textes du droit romain, aux nécessités pratiques de l'agriculture et à la réalité des choses.

I. CE SYSTÈME EST SEUL CONFORME AUX PRINCIPES ET AUX TEXTES DU DROIT ROMAIN. — 1° Tout d'abord le colonage partiaire est bien un contrat : Fustel de Coulanges démontre lui-même la place considérable qu'il tint à Rome. Le texte de Caton nous permet de croire qu'il en fut ainsi de bonne heure (1). Comment comprendre que les Romains, qui avaient toujours attaché

---

(1) Il n'est pas bien sûr que la traduction de Nisard donne la pensée de l'agronome romain. Tout le monde est d'accord aujourd'hui pour reconnaître qu'il a commis un contre-sens en traduisant les derniers mots du texte *pro indiviso*. Il pourrait se faire qu'il n'ait pas été plus heureux en traduisant le commencement *vineam curandam partiario bene curet*. La langue latine est une langue très riche en mots, et l'on ne voit jamais dans les auteurs, à moins d'antithèses voulues et recherchées, employés, côte à côte, les mêmes mots avec des sens différents ; c'est pourtant ce que Nisard fait faire à Caton en traduisant *curare* par *cultiver*, une première fois, et par *surveiller* une autre. L'expression latine *cura curare* était analogue à notre expression *faites faire*. Il nous semble donc que Caton songeant aux avantages du colonage partiaire et comparant ce procédé de culture au fermage et à la *politio*, dont il vient de parler, dit : « Que le propriétaire fera une bonne opération, qu'il fera bien de faire cultiver par un colon partiaire.... » Un strict mot à mot conduit au même sens : *bene curet curandam*, qu'il cultive bien en faisant cultiver.

une si grande importance aux choses de l'agriculture, aient laissé sans sanction une convention dont ils usaient fréquemment et qui présentait, dans bien des cas, de si sérieux avantages?

La loi *si merces* ne sépare pas le colon partiaire du fermier pour lui refuser toute action ; s'il n'a pas l'action *conducti*, ce sera l'action *pro socio* ou, en tout cas, l'action *præscriptis verbis* ; mais il faut bien lui reconnaître une action, puisqu'on lui reconnaît un droit, un droit qui ressemble au droit de société.

2° Ceux qui voient dans le colonage partiaire un contrat innommé font une assimilation regrettable de notre contrat avec l'échange. Les jurisconsultes romains dans l'échange donnaient l'action *præscriptis verbis* parce qu'il était impossible de déterminer l'action propre qui compétait à chaque co-échangiste. Les deux parties en effet sont vendeur et acheteur, concédant et concessionnaire ; elles jouent un rôle identique.

Dans le colonage partiaire rien de semblable ; aucune confusion n'est possible entre le *locator* et le *conductor* et leur rôle est toujours et parfaitement distinct.

Le texte des Institutes sur lequel on s'appuie prouve par lui-même toute la faiblesse de l'argumentation qu'on veut en tirer : « *Ita quæri solebat de loc. et conduct., si forte rem aliquam tibi utendam sive fruendam quis dederit et invicem, a te aliam rem utendam sive fruendam acceperit ; et placuit non esse locationem et*

conductionem sed proprium esse genus contractus. »
(Inst. III, tit. 25, § 2.)

Justinien a raison sans doute de reconnaître que
dans l'espèce proposée il n'y a point louage ; il n'y a
en effet qu'un échange de jouissance où il serait impossible de distinguer un *locator* et un *conductor*. Une
location et un échange sont deux choses essentiellement différentes ; et pourtant l'espèce que tranche
Justinien avait été fort controversée autrefois, comme
nous l'apprend Gaius (1).

3° La question gît donc toute entière sur le point de
savoir si la *merces*, condition essentielle du contrat de
louage, pouvait consister en une part de fruits (2).
Notons, tout d'abord, et la première loi au titre *locati
conducti* nous le fait remarquer, que le louage n'est
pas un contrat de droit strict, un de ces contrats où
une forme déterminée était rigoureusement exigée
afin qu'ils pussent se former ; c'est un contrat consensuel tout différent de la stipulation : *Locatio conductio cum naturalis sit et omnium gentium non verbis,
sed consensu contrahitur, sicut emptio venditio.* La volonté des parties peut donc se donner libre carrière
dans la détermination des clauses du contrat, sous la
seule condition d'en respecter l'essence. Est-il de l'essence de la *locatio* qu'il y ait un prix en argent ? Tel
est le point à trancher.

Pour admettre une pareille restriction à la volonté

(1) Gaius, III, 144.
(2) V° Mispoulet, sur *Recherches sur quelques problèmes d'histoire
de M. Fustel de Coulanges, Bulletin critique,* 15 août 1886.

des parties dans un contrat où elle est souveraine et indépendante de toute forme ; pour admettre qu'une pareille entrave ait été mise aux nécessités de l'agriculture, il faudrait un texte bien formel. Dans la vente, les Instituts et le Digeste nous apprennent que le prix devait nécessairement consister en argent. Aucun texte ne nous dit qu'il devait en être de même pour la *merces* ; *merces* signifie marchandise et le mot n'éveille aucunement l'idée de monnaie ; tout ce que les textes exigent, c'est que cette *merces* soit *vera et certa* c'est-à-dire sérieuse et déterminée.

Non seulement il n'est pas de texte pour exiger que la *merces* soit en argent, mais le Digeste et le Code nous fournissent de nombreux exemples de louage où la *merces* consiste en fruits (1).

Et s'il est hors de doute que la *merces* pouvait consister en fruits, qu'importe qu'elle se composât d'une quantité déterminée ou d'une quotité, d'une proportion déterminée de fruits. Quoique variable avec le rendement des récoltes, en sera-t-elle moins sérieuse et moins déterminée?

4° Le mot *colonus* est un terme générique qui désigne quiconque cultive le fonds d'autrui par suite d'un

____

(1) Africain, loi 35, § 1, Dig. XIX, t. 2 : « *Ut alter alterius ita conductum haberet ut fructus mercedis nomine pensaretur* ». — Lois 8, 18, 21, au Code, liv. IV, tit. 65 : « *Si olei certa ponderatione fructus anni locasti* ». « *Certis annuis quantitatibus fundum conduxeris* ».

Justinien va même jusqu'à exhorter les propriétaires à se contenter d'une redevance en fruits, les colons, dit-il, n'ayant généralement guère d'argent à leur disposition. Loi 5, au Code, XI, 47.

contrat de location, le fermier comme le colon partiaire. Quand la qualité particulière du colon doit être prise en considération, les jurisconsultes ajoutent « *qui nummis colit* », « *qui ad numeratam pecuniam conduxit* », « *apparet de eo nos dicere colono qui ad pecuniam numeratam conduxit* » ; n'est-ce pas reconnaître qu'il y a d'autres colons qui ne donnent pas de redevance en argent ?

Pline également emploie des termes décisifs ; il nous prévient qu'il est retenu par la nécessité de louer ses terres *locandorum prædiorum* ; les fermiers ruinent ses domaines ; il va y remédier en louant à part de fruits au lieu de louer en argent, *non nummo sed partibus locem.*

Il s'agit bien d'une location et Pline met en comparaison les deux procédés de location des terres. Peut-on soutenir sérieusement que Pline, parce qu'il n'était pas un jurisconsulte, ait pu, dans son ignorance des choses du droit, appeler location un contrat de société ou tout autre contrat.

5° Quant à dire que dans le colonage partiaire il ne peut y avoir de *merces* parce qu'aucune valeur ne passe du patrimoine du colon dans celui du *dominus* ; que le colon n'est à aucun moment le propriétaire des fruits tant que le partage n'a fait cesser l'indivision, parce qu'il n'a pas la jouissance du fonds ; qu'il n'y a, entre le colon et le *dominus*, que l'obligation pour chaque partie de se faire réciproquement un transfert de fruits d'égale valeur, — c'est se perdre dans les subtilités pour établir cet axiome d'ordre

économique que tout contrat synallagmatique se réduit en dernière analyse à un échange d'avantages
réciproques.

Sans insister pour le moment sur les conséquences
inadmissibles d'un tel système, il est facile de percer
à jour cette spécieuse argumentation dans ce qu'elle
a de compréhensible, en la réduisant à son expression stricte : — Il n'y a pas de *merces*, dit-on, parce
qu'aucune valeur ne passe du patrimoine du colon
dans celui du propriétaire. — Aucune valeur ne passe
du patrimoine du colon dans celui du *dominus*, parce
qu'ils sont copropriétaires. — Ils sont copropriétaires,
parce qu'ils partagent. La prémisse, on le voit aisé-
ment, est précisément le point à démontrer, et elle
est doublement inexacte :

Elle l'est premièrement en ce qu'elle pose en principe que l'action en partage compète exclusivement
aux seuls copropriétaires (1) ;

Elle l'est enfin et surtout en ce qu'elle joue sur les
mots et confond le partage juridique, l'action *com-*
muni dividundo avec le fait matériel du partage qui
n'est qu'un mode de détermination, de mesurage, un
procédé de paiement. Si je vous cède ma maison
moyennant le tiers de vos récoltes, pour que la *solu-*
tio puisse se faire, il faudra bien qu'il intervienne
entre nous un partage matériel absolument identique
à celui qui a lieu entre le colon et le *dominus*, et cesse-
rai-je pour cela d'être un simple créancier ? Direz-

(1) V° Accarias, t. II, n° 827, p. 1034. — Loi 7, § 12, § 13, Comm.
Div., Dig., liv. X, tit. 3.

vous qu'il ne peut y avoir *solutio* parce qu'il y a partage (1) ?

6° La seule loi qui parle expressément du colon partiaire est la loi 25, livre XIX, titre 2, dans son sixième paragraphe ; elle est placée au titre *locati conducti* ; ce sixième paragraphe fait partie intégrante d'une loi qui *parle tout entière* du louage et Gaius applique au colon partiaire comme au fermier l'expression très précise et bien définie de *conductor* (*conduxit*).

Est-il admissible que ce soit par hasard que cette loi se trouve au titre du louage ? qu'il y ait eu de la part des compilateurs une intercalation possible ? et serait-il nécessaire d'excepter le colon partiaire d'une règle applicable aux *conductores*, s'il n'en était pas un ?

Cette loi, ou plutôt les derniers mots de cette loi ont soulevé pourtant la grande controverse et fait toute la force de l'argumentation des partisans du système de société. Examinons donc le paragraphe 6 en son entier :

« *Vis major, quam Græi,* θεου βιαν, *id est, vim divinam, appellant non debet conductori damnosa esse, si plus, quam tolerabile est, læsi fuerint fructus : alioquin modicum damnum æquo animo ferre debet colonus, cui immodicum lucrum non aufertur. Apparet autem de eo nos dicere colono, qui ad numeratam pecuniam conduxit : alioquin partiarius colonus quasi societatis jure et damnum et lucrum cum domino fundi partitur.* »

(1) En droit français, s'il y a un véritable partage entre propriétaire et colon partiaire, c'est par application d'un principe absolument contraire aux règles du droit romain (art. 1138).

Il suffit de lire le texte pour se rendre compte que Gaius n'a pas vu le moins du monde un contrat de société dans le colonage partiaire : en donnant une règle du contrat de louage des choses il en excepte le colonage partiaire ; c'est bien évidemment parce que c'est un louage, l'exception fait suite à la règle. Si le colon partiaire était un associé, pourquoi dire que telle règle du louage ne s'appliquera point à lui. Il n'y a pas là seulement un argument de classification, il y a un argument de fond tiré des dispositions de la loi toute entière.

Gaius donne, sur un point de détail, une règle à laquelle, par exception, échappe le colon partiaire ; cette exception, on l'étend, on la généralise et l'on déclare que, dans tous les cas, ce seront les règles du contrat de société qui devront s'appliquer !

Il y a plus, Gaius, en comparant, dans le cas particulier de force majeure, le colon partiaire à un associé, reconnaît implicitement que ce n'est pas un associé ; les mots *quasi societatis jure* ne peuvent pas signifier *societatis jure* ou *quasi* ne se comprend pas. Qu'importe ; où Gaius indique une analogie, on voit une assimilation ; ce qu'il compare on l'identifie, et d'une comparaison partielle on fait une identification générale !

7° Les partisans du système de société s'appuient encore sur un autre texte ; Ulpien, traitant de la responsabilité des associés s'exprime ainsi : « *Utrum ergo tantum dolum, an etiam culpam, præstare socium opporteat, quæritur ? et Celsus lib. 7, digestorum ita*

scripsit, socios inter se dolum et culpam præstare oppor-
tet : Si in coeunda societate, inquit, artem operamve
pollicitus est alter, veluti cum pecus in commune pascen-
dum aut agrum politori damus in commune quærendis
fructibus ; nimirum ibi etiam culpa præstanda est. »
(Loi 52, § 2, liv. XVII, t. 2.)

Ulpien, disent-ils, cite comme un exemple de société la *politio*, et le *politor* est un colon partiaire.

Ces deux assertions sont deux erreurs :

Le *politor* n'est pas un colon partiaire ; c'est un
ouvrier travaillant à forfait, un journalier dont on
rémunère le travail en lui abandonnant une part de
la récolte (1).

Mommsen trouve cette définition dans le paragraphe 5 du *de re rustica* de Caton (2).

Dans le paragraphe 136, qui précède immédiatement celui qui s'occupe du *partiarius* que nous avons
cité plus haut, Caton indique d'après la fertilité
du terrain ce que le propriétaire devra laisser au
politor (3). Il est inadmissible, dit Mommsen, que

(1) Humbert, *Dictionnaire des antiquités grecques et latines*, V°
Colonus.

Mommsen, *Hist. rom.* Traduc. Alex., t. IV, p. 113-119.

Cont. la plupart des auteurs, notamment : Gasparin, Dureau de
la Malle, Bertagnolli.

(2) « *Operarium, mercenarium politorem diutius eumdem ne ha-*
beat die. »

(3) Caton, *de re rustica*, § 136. « *Politionem quo pacto dari*
opporteat. In agro Casinate et Venafro, in loco bono parte oc-
tava corbi dividat, satis bono septima, tertio loco sexta ; si granum
modio dividet, partie quinta. In Venafro ager optimus IX parti corbi
dividat. Si communitur pisunt, qua ex parte politori pars est, eam

Caton se soit servi d'expressions différentes, dans deux paragraphes consécutifs, pour désigner le même contrat, le même tenancier. Il semble tout au contraire mettre en parallèle, mettre en opposition le paragraphe 136 et le paragraphe 137, le *politor* et le *partiarius*.

Un fait important à remarquer, parce qu'il apporte une preuve nouvelle, c'est que dans le midi de la France, dans les contrées où l'occupation romaine dura le plus longtemps, on retrouve dans l'estivandier le *politor* d'autrefois (1).

Si l'on confond la *politio* et la *partiatio*, le texte de Caton devient inexplicable : qu'il prenne, dit Caton, la huitième corbeille dans les meilleures terres, la septième dans les passables, la sixième dans les moins bonnes. S'agit-il du colon ou du propriétaire ? S'il est question du colon, comment comprendre qu'il puisse subvenir à ses besoins et à ceux de sa famille avec la huitième, la septième ou la sixième partie des récoltes ?

Gasparin a beau se plonger dans des calculs ingé-

---

partem in pistrinum politor ordeum quinta modio, fabam quinta modio dividat.

(1) « Indépendamment, dit Lavergne, des métayers et des maîtres-valets proprement dits, l'agriculture du Sud-Ouest emploie une classe particulière de journaliers, qui servent pour les travaux extraordinaires de la moisson et du dépiquage, et qu'on appelle des estivandiers du nom de la saison où ils sont nécessaires, l'été. Ces ouvriers sont payés en nature, proportionnellement au produit, d'après le principe constant de toute agriculture sans débouchés, d'éviter autant que possible le déboursé en argent. » Lavergne, *Économie rurale de la France*, p. 315.

nieux (1) pour démontrer que, dans de telles conditions, la situation du colon n'en est pas moins excellente, il reconnaît dans la suite de son ouvrage qu'avec la moitié des produits les métayers de notre époque n'échappent pas toujours à la misère.

Faut-il donc admettre qu'il s'agit de la part du propriétaire ; mais comment expliquer alors que sa part diminue proportionnellement au rendement de sa terre ? N'est-ce pas se mettre en contradiction avec tous les principes économiques et le plus simple bon sens ?

Bertagnolli en trouve pourtant une explication aussi ingénieuse que les calculs de Gasparin en sens opposé : les riches propriétaires romains, comme les sénateurs, ces *patres* d'autrefois, étaient des gens de cœur et ne cherchaient point à capitaliser ; ils concédaient gracieusement et ne demandaient aux concessionnaires rien au delà de ce qui pouvait être nécessaire à leur subsistance (2).

En faisant, au contraire, de la *politio* et de la *partiatio* deux choses différentes, la modicité de la rémunération du *politor* s'explique naturellement par la considération suivante : le *politor* était un journalier qui ne contractait que des engagements de peu de durée ; il faisait les semailles et la levée des récoltes ; peut-être même pouvait-il n'entreprendre que cette dernière opération. En dehors de ces travaux, il était libre de disposer de son temps et de sa per-

(1) Gasparin, *Étude sur le Métayage*, p. 42 et 43.
(2) Bertagnolli, *op. cit.*, p. 20, note 14.

sonne ; il pouvait s'adonner à toute autre occupation, exercer toute profession que bon lui semblait ; dès lors on voit que cette rémunération n'est minime qu'en apparence et qu'elle le payait largement de son temps et de ses travaux.

Ce point établit que le *politor* n'est pas un colon partiaire, est-il exact qu'Ulpien cite la *politio* comme un exemple du contrat de société ? Cela n'apparaît nullement dans le texte.

Le jurisconsulte déclare que les associés doivent répondre non seulement de leur dol mais encore de leur faute ; il en donne un exemple dans une espèce douteuse qu'il lui paraît utile de trancher, et il le fait en s'appuyant de l'opinion de Celsus. *Nimirum ibi etiam* ne veut pas dire autre chose.

Ulpien ne passe pas directement à l'examen de l'espèce ; il ne dit pas non plus : *si, inter socios, artem operamve pollicitus est alter* ; il emploie une formule toute différente ; il nous prévient qu'il prend une espèce qui, par hypothèse, est un contrat de société : *si, in coeunda societate, inquit.* « Si, dans le cas où l'on aura contracté une société, dit-il » ; et cette formule, il l'emploie quelques lignes plus loin à la fin du paragraphe 3 : *Si modo societatis contrahendæ causa pascenda data sunt, quamvis æstimata* ... Il l'emploie encore dans la loi 44 : *Si animo contrahendæ societatis id actum sit.*

Ulpien ne donne donc pas la *politio* comme un exemple de société : il dit simplement que si le *politor* et le *dominus* s'associent, le *politor* n'en restera

pas moins tenu de *præstare culpam*. Il est bien évident, puisqu'il s'agit de contrats consensuels, que le
politor comme le *partiarius* peuvent être des associés,
si telle a été l'intention des parties contractantes ;
mais il faut, en un mot, qu'on ait voulu contracter une
société, et voilà pourquoi Celsus le dit.

Ainsi tombe le dernier argument tiré de l'identité
ou de l'indéniable analogie, du moins, qu'il y a entre
la *politio* et la *partiatio*.

8° Un dernier texte vient appuyer encore le système
que nous soutenons ; c'est la loi 60, § 5, Dig., *locati
conducti*, XIX, t. 2 : « *Messem, inspiciente colono, cum
alienam esse non ignorares, sustulisti? Condicere tibi
frumentum dominum posse Labeo ait : et ut id faciat,
colonum ex conducto cum domino acturum.* »

Le mot *colonus* s'applique ici au colon partiaire
comme au fermier : la *grande Glose*, sur la loi 60, nous
le fait remarquer : *et intellige paragraphum istum in
colono partiario*. Si le colon partiaire était un associé,
il devrait pourtant avoir la *condictio furtiva* ; car en
faire un associé, c'est lui reconnaître sur les récoltes
pendantes par racines plus de droits qu'à un fermier ;
c'est en faire un copropriétaire par indivis de ces
récoltes.

9° Tous ces textes que nous venons de parcourir
établissent d'une façon aussi démonstrative que le
colonage partiaire est un louage, qu'ils sont inconci-
liables avec l'idée d'un véritable contrat de société ou
de tout autre contrat. La Cour de Limoges a donc été
assez mal inspirée de s'autoriser des principes du

droit romain pour motiver son arrêt du 21 février
1839. Il nous semble de plus qu'elle a quelque peu
exagéré les affirmations des docteurs interprètes de
la loi romaine.

Fachin (1) s'exprime en ces termes sur le colonage
partiaire : « *Inter colonum partiarium et dominum locationis contractum* proprie *non est sed potius societatis.* »

Barthole (2) : « *Tertio nota quod inter colonum partiarium et dominum non est* propria *locatio sed societas... pro cujus declaratione debes scire quod, aut fundus locatur certa mercede consistente in pecunia et est*
proprie *locatio, aut fundus locatur ad partem fructuum
et est societas.* »

Voet (3) : « *Quod si non certa fructuum ponderatio,
sed portio pro rata ejus, quod in fundo nascetur, dimi-
dia forte vel tertia, constituta fuerit, colonus partiarius
dicitur,* magisque *conventio talis ad societatem quam
conductionem accedit, dum partiarius hicce colonus*
quasi societatis jure *et damnum et lucrum cum domino
fundi partitur.* »

Vinnius (4) parlant des fermiers en nature : « *Et
sunt hoc genus coloni non absimiles colonis partiariis,
excepto eo, quod coloni partiarii incertam quantitatem,
puta tertiam, aut quartam partem fructuum solvunt et*
quasi societatis jus *cum domino fundi habent.* »

(1) Fachin, liv. 1, ch. 82.
(2) Barthole, *Comm. sur la loi* 25, § 6, Dig. *loc. cond.*
(3) Voet, *Comm. ad. Pand.*, t. 1., p. 669.
(4) Vinnius, *Com.*, p. 668, col. 2.

Godefroy (1) : « *Partiarius colonus est qui non pecuniam præstat locatori, sed fructuum partem.* »

« *Igitur si conventio talis sit ut dominus partiarium
admittat colonum, quasi societas, sit ut mercedem in
pecunia accipiat vera locatio, si ut mercedem in fru-
mento, vino aut oleo habeat, erit contractus do ut des,
vel facias.* »

Cujas ne semble pas avoir une opinion bien arrê-
tée : « *Si quis colono aut politori agrum colendum det ut
partiantur fructus, non contrahitur locatio sed societas.
Nam locatio fit mercede non partibus rei* (2) ».

« *Partiarii non videntur conductores esse, id est, qui
partem fructuum conferunt domino, et nihil præterea,
aliam partem pro cultura sibi reservant. Hoc genero
societas contrahitur* potius quam locatio (3). »

« *Fateor in emptione et venditione pretium in nummis debere consistere. At in locatione conductione dico
etiam in alia quantitate consistere posse veluti mensura
aut pondere, ac proinde cum colono partiario contrahi
locationem et conductionem, si contrahendæ locationis
animus fuerit, ac præsertim si de certa fructuum quantitate veluti modiis, vel amphoris tot quotannis infe-
rendis convenerit.* Quin etiam tentari potest et locationem esse *si cum partiario ita convenerit, ut infer-
ret quotannis fructuum, qui perciperentur partem di-
midiam aut tertiam, nullo adjecto modo* (4). »

(1) Godefroy, *Glose sur la loi* 25, § 6, XIX, t. 2, col. 601.
(2) Cujas, *Comm. sur la loi* 13, § 1, Dig., liv. XIX, t. 5.
(3) Cujas, *Comm. sur la loi* 5, au Code, *loc. conduct.*
(4) Cujas, *Tractatus ad africanum* VIII, sur la loi 35, Dig., liv.
XIX, tit. 2, T. 1, col. 1486.

Est-ce être bien affirmatif que de dire que le colonage n'est pas à proprement parler une location ; que c'est plutôt une société qu'une location ; que c'est une société qui se contracte par location ; que le colon partiaire a comme un droit de société avec le propriétaire ; ou de dire, avec Cujas, une première fois que c'est un contrat de société, une seconde fois, que c'est plutôt une société qu'un louage, et, une troisième fois, que ça pourrait bien être tout de même un contrat de louage ?

III. LE COLONAGE PARTIAIRE, EN TANT QUE CONTRAT DE LOUAGE, EST SEUL CONFORME AUX NÉCESSITÉS DE L'AGRICULTURE. — Le système que nous soutenons est encore le seul qui puisse se concilier avec les intérêts et les nécessités pratiques de l'agriculture. Tout le monde est d'accord pour reconnaître que le colonage partiaire naissait dans les mêmes circonstances et pour les mêmes causes que le bail à ferme ; il intervenait la plupart du temps comme moyen de remédier aux inconvénients de ce dernier. Dès lors est-il possible d'admettre que les parties, contrairement aux règles du bail à ferme, aient voulu que le contrat prît fin et prît nécessairement fin par la mort de l'une quelconque des parties ? qu'elles aient voulu, bien plus, que chacune d'elles pût, à son gré, à quelque moment que ce fût, dénoncer le contrat, et que cette manifestation de volonté fût suffisante pour qu'immédiatement il cessât d'exister. Telles sont en effet les règles strictes du contrat de société ; et il eût été impossible, même par l'insertion d'une clause contraire, d'empêcher de se produire un tel résultat ; la seule exception que les textes mentionnent ne concerne que les sociétés vectigaliennes.

Que le colonage ait pu prendre fin à la mort du colon, l'intérêt du propriétaire, comme celui de la culture, l'explique suffisamment ; mais quelles raisons trouver pour qu'il en fût ainsi à la mort du propriétaire ? Les Romains connaissaient pourtant ce principe primordial de bonne culture qui consiste dans la longue stabilité des familles de colons sur les terres qu'ils exploitent.

Columelle (1) nous le fait remarquer : *Felicissimum fundum esse qui colonos indigenas haberet, et tanquam in paterna possessione natos jam inde a cunabulis longa familiaritate retineret.*

Et quelle incertitude surtout dans ce droit de briser, à chaque instant, à première volonté, les liens du contrat ! Faire du colon un associé, n'est-ce pas couper court à toute avance de capital et paralyser toute initiative du propriétaire, en l'abandonnant, sans aucune garantie réelle, à la mauvaise foi possible du premier ?

Dans le fermage, en effet, le bailleur a pour sauvegarder ses droits deux moyens énergiques, l'action Servienne et l'interdit Salvien. Ces sûretés réelles ne suffisaient même point toujours, si nous en croyons les auteurs ; les fermiers qui désespéraient de payer les fermages laissaient les terres en friche ou brûlaient les récoltes. C'est d'ailleurs ce qui amène Pline

(1) Columelle, *de re rustica*, I, VII.

à transformer ses fermiers en colons partiaires. Il espère trouver dans ce procédé un remède à tant de maux, une garantie nouvelle et meilleure. Ces endettés, ces fermiers misérables auront intérêt désormais à travailler, à ne plus brûler les récoltes ; quelque petite que soit la récolte, ils y auront leur quote-part assurée ; leur fermage se paiera en nature.

Est-il soutenable que Pline, prenant en singulière considération la conduite déplorable de ses fermiers, ait songé à les élever à la dignité d'associés, ait pensé, un seul instant surtout, à renoncer à ces garanties premières, à ces garanties insuffisantes déjà que le bail lui donnait ?

Sans doute le colon qui quittera un domaine à un moment inopportun, qui causera un préjudice grave, qui consommera, détournera ou dissipera les fruits, sans doute ce colon sera tenu de dommages-intérêts : « *socium a se, non se a socio liberat* », « *tenebitur pro socio* ». Mais cette responsabilité, dans les limites d'une action purement personnelle, sera le plus souvent rendue illusoire par l'insolvabilité du colon.

Non seulement le propriétaire n'aura plus de sûretés réelles, plus de droit de préférence à l'encontre des autres créanciers, il se trouvera même dans une situation moins favorable que ces derniers ; le colon en effet est son associé, il ne faut pas l'oublier, un *quasi frater*, et l'action *pro socio* ne permet de lui faire subir qu'une condamnation atténuée, dans la juste mesure de ce qu'il peut payer, *in id quod facere potest*.

Comme compensation, il est vrai, le propriétaire aura la satisfaction de voir ses colons notés d'infamie !

Aboutir à de telles conséquences, n'est-ce pas démontrer jusqu'à l'évidence qu'un tel contrat eût été impraticable et qu'aucun propriétaire n'aurait songé à recourir à un pareil système d'amodiation ?

III. LE COLONAGE PARTIAIRE CONSIDÉRÉ COMME UNE VARIÉTÉ DU LOUAGE EST SEUL CONFORME A LA RÉALITÉ DES CHOSES. — Il est loin de notre pensée de vouloir dire que le meilleur procédé d'amodiation, dans les sociétés antiques comme dans nos sociétés modernes, ne se trouverait point dans l'association du capital et du travail, dans le choix, par un propriétaire, s'occupant réellement d'agriculture, d'un cultivateur intelligent, apprécié, largement intéressé, qui apporterait à la mise commune son expérience, son zèle, son activité et celle des siens ; mais par cela même qu'une telle convention suppose la confiance, une direction commune égale, aucune autre garantie que des garanties personnelles, de vrais rapports d'associés en un mot et une association véritable, on comprend combien son application si rare, si peu pratique encore de nos jours, malgré les progrès agricoles et toute la vogue de certains principes économiques, devait l'être bien plus dans la primitive société romaine.

Quand il s'agit de déterminer la nature d'un contrat, les caractères d'une institution chez un peuple disparu, ce n'est point sur des possibilités plus ou moins ignorées et sur des aspirations d'une autre époque qu'il faut s'appuyer : si les lois sont muettes, si les textes sont obscurs, incomplets, ou, du moins, déclarés tels, c'est en se basant sur l'histoire, sur les mœurs, sur les conditions économiques qu'on peut avec quelque certitude en reconstituer les éléments, en retracer l'image.

A Rome, ceux qui louaient des terres étaient des patriciens, de riches propriétaires qui se déchargeaient des soucis de la culture de leurs vastes domaines en les donnant à ferme ou à part de fruits. Le bail à ferme, très probablement préféré au début, était remplacé par le colonage partiaire au fur et à mesure que les fermiers tombaient dans la misère ou se trouvaient dans l'impossibilité de payer l'arriéré des fermages. Répondant à des besoins économiques identiques, tendant au même but, le colonage partiaire *n'est qu'un fermage modifié quant à la nature de la redevance*. Les textes n'ont pas à s'occuper spécialement de lui, ce sont les règles de la location à prix d'argent qui s'appliquent. Un texte seul signale une différence pour éviter toute équivoque.

Le colonage partiaire est un fermage où la *merces* consiste en une quote-part de fruits *et toutes les différences de détails qui viennent les nuancer découlent par la force même des choses de cette différence fondamentale :* c'est parce que cette quote-part de fruits, qui doit être donnée au *dominus*, est essentiellement variable avec les soins donnés à la culture, avec l'intelligence du colon, que le *dominus* a un certain pouvoir de direction et de contrôle, que le bail probablement doit prendre fin à la mort du colon et que la sous-location ne doit être permise de plein droit.

Ce n'est pas, quoi qu'on en ait dit, parce qu'il y a entre le colon et le *dominus* une *lucri et damni communio* que le cas de force majeure ne doit pas retomber tout entier sur le propriétaire, comme dans le bail à ferme. Dans le fermage, en effet, le prix, calculé sur le produit moyen, est déterminé à forfait une fois pour toutes, et les cas de force majeure sont restés en dehors des prévisions des contractants ; dans le bail à part de fruits, cette considération n'a que faire ; le rapport de la redevance au produit est invariable et si la force majeure réduit la récolte à zéro, le prix de la jouissance se trouvera par là même réduit à zéro. La perte du *corps certain* libère le débiteur.

Ce n'est pas non plus parce qu'il y a indivision au sens juridique du mot qu'il y a partage ; l'analyse la plus élémentaire, jointe à l'observation de ce qui se passe sous nos yeux, à notre époque, nous montre qu'il n'y a là qu'un acte matériel sans aucun caractère juridique, un acte indispensable pour qu'il y ait paiement dans les termes du contrat. En effet le paiement de la *merces* comporte une dation proportionnelle en qualité et quantité des fruits produits ; pour que ce paiement soit possible, pour que cette dation puisse se faire sincèrement et sans fraude, il est impossible de concevoir d'autre procédé que celui qui consiste pour le propriétaire à recevoir cette quote-part au fur et à mesure de la levée de la récolte. De nos jours — et à Rome il dut en être de même, sans doute — dans quelques métairies, on a simplifié encore ce procédé : le propriétaire prélève le dixième ou le douzième des produits de chaque champ, et dès qu'il a pu déterminer ainsi en quantité et qualité la quote-part qui lui revient, il ne reste plus au colon qu'à faire une véritable *solutio* (1).

Nous sommes loin de nier que, sur tous les points que nous venons de parcourir, le colonage partiaire n'ait de véritables analogies avec la société ; mais, même sur ces points, il y a loin de l'analogie à l'identité.

Par tous ses autres caractères il s'en sépare absolument ; comme le fermier, le colon partiaire doit restituer la chose louée à la fin du contrat, en jouir en bon père de famille, en respecter la destination, etc... La tacite reconduction s'applique à l'un comme à l'autre. Enfin, pas plus que le fermier, il n'a la *condictio furtiva* contre le voleur de la récolte pendante par racine ; son droit est également résolu par la vente de la chose louée du fait du propriétaire. Pour voir dans le colonage partiaire une société, il faudrait pourtant soutenir que le colon a, au même titre que le propriétaire, cette *condictio furtiva*, qu'il

---

(1) Dans la Creuse, où les récoltes consistent surtout en seigle ou en froment, les gerbes avant d'être engrangées sont groupées dans les champs par petites meules de 10 ou 12. Dans beaucoup de métairies, le propriétaire, avant de commencer le charriage, fait prendre sur chaque tas une gerbe choisie au hasard. Ces gerbes engrangées à part et battues les premières sont employées pour les semailles et servent surtout, comme nous l'avons dit, à déterminer la redevance.

est copropriétaire des récoltes, que son droit sur les fruits, avant perception, est plus grand que celui d'un fermier, que ce droit survit à l'aliénation du fonds par le propriétaire et que sa situation est en somme plus indépendante et plus sûre que celle du fermier.

Mais qu'il y a loin de ce tableau à la réalité des choses ! Les auteurs nous montrent les colons comme presque aussi tenus que des esclaves, et leur condition est bien inférieure à celle des fermiers. Pline, dont la modération ne saurait être mise en doute, les place sous la dépendance de tout un personnel d'esclaves chargés de les faire travailler et de les surveiller rigoureusement, *exactores operi, custodes fructibus*.

Enfin, puisque nous sommes en matière de contrats consensuels, l'intention des parties n'est-elle pas de contracter un bail ? Dans le colonage, comme dans le fermage, n'est-ce pas le même but que les parties poursuivent ? Où est donc cet élément essentiel du contrat de société, l'*animus contrahendæ societatis* ? Pline nous cache-t-il sa pensée, son intention de renoncer au bail pour recourir à l'association, quand il nous dit, avec tant de détails, qu'il ne veut pas changer ses colons, qu'il veut continuer à louer, en remplaçant simplement la redevance en argent par une redevance en nature ?

Conçoit-on, sans manquer de toute couleur locale, dans cette société romaine si éloignée de nos préoccupations égalitaires, que l'orgueilleux patricien, que le docte Pline, comme on l'a dit, ait voulu s'abaisser

jusqu'à traiter d'égal à égal avec ses colons, jusqu'à
devenir leur associé ? Et de l'autre côté, n'est-il pas
quelque peu ridicule de soutenir que le colon, parce
qu'il gardait, à titre de salaire, une quote-part des
produits du domaine, ait pu se croire l'associé du *dominus*, l'égal de son maître ?

CHAPITRE III

FORMATION ET DURÉE.

Généralités. — Le colonage partiaire, mode particulier de la *locatio conductio rerum*, se range parmi les contrats consensuels et synallagmatiques.

Comme la vente, il se forme par le simple consentement des parties et sa formation est parfaite dès que cet accord, *consensus*, s'est produit sur le fonds à louer, *res*, sur la quotité de la redevance, *pretium*, et sur la durée du bail.

Aucune forme n'est nécessaire à la manifestation du consentement. Paul (1) nous dit que si, les parties ayant voulu recourir à la stipulation, l'une d'elles ne répond pas à l'interrogation de l'autre, le contrat n'en est pas moins formé, pourvu d'ailleurs que le consentement existe : *Valet quod actum est, quia hi contractus non tam verbis, quam consensu confirmantur*.

Les muets, les sourds, les absents, *per nuntium* ou *per epistolam*, pouvaient contracter un bail.

Comme contrat synallagmatique, il engendre des obligations réciproques ; les obligations de chaque partie ont pour cause les obligations corrélatives de l'autre.

(1) Paul, loi 35, § 2, Dig. XLV, t. 1.

Les contrats consensuels sont des contrats de bonne foi, c'est-à-dire que les effets de ces obligations corrélatives se déterminent d'après l'équité (*ex æquo et bono*).

Le colonage partiaire pouvait être consenti sous condition ; l'hypothèse de la transformation du bail à ferme en colonage partiaire, en cas de guerre ou de dévastation, devait être assez fréquente.

§ 1er. — Consentement.

Le consentement doit exister chez l'une et l'autre des parties et porter sur tous les points essentiels.

Comme dans toutes les obligations le consentement doit être intelligent et libre. L'*infans*, le *furiosus* ne sauraient consentir parce qu'ils n'ont pas la raison ; le dol et la violence vicient le consentement et peuvent entraîner la rescision du contrat.

L'erreur sur la nature du contrat, sur la personne, sur le fonds à concéder empêchent le contrat de se former.

Quant à l'erreur sur la quotité de la *merces* (1), il faut distinguer : si le preneur n'a voulu fournir qu'une redevance du quart et que le bailleur ait voulu recevoir une redevance du tiers, le consentement n'a pu se produire. Mais si, au contraire, le preneur a voulu

______

(1) Pomponius, loi 52, Dig., *loc. cond.*, XIX, t. 2. « *Si decem tibi locem fundum, tu autem existimes quinque te conducere, nihil agitur. Sed et si ego minoris me locare sensero, tu pluris te conducere, utique non pluris erit conductio, quam (quanti) ego putabi.* »

fournir une redevance du tiers et que le bailleur n'ait
pensé obtenir qu'une redevance du quart, l'accord
des volontés s'est produit sur ce quart, car la proportion la plus faible est contenue dans la plus forte,
et celui qui consent à donner le tiers consent à plus
forte raison à donner le quart.

L'erreur sur la qualité du fonds, sur son étendue
laissent subsister le contrat. A ce point de vue d'ailleurs le colon partiaire ne saurait être comparé au
fermier, parce que la redevance qu'il a à fournir est
une redevance proportionnelle.

Pour renouveler un bail, il n'est pas nécessaire
que le consentement soit exprès : la tacite reconduction suffit.

<h3>§2 . — Capacité.</h3>

Le consentement doit émaner de personnes capables de s'obliger d'une façon générale et spécialement
de contracter un bail.

Les incapacités absolues ne présentent rien de particulier pour le colonage partiaire ; si quelques textes
nous représentent des esclaves comme colons de leurs
maîtres (1), ils n'ont en vue qu'un simple état de fait ;
il n'en résulte aucune obligation, aucun changement
dans la condition juridique de l'esclave. Si le maître
lui abandonne une quote-part des fruits, c'est à titre
de pécule, à titre de simple tolérance.

(1) Loi 16, Dig., liv. XV, tit. 3 ; Loi 12, § 3, Dig., liv. XXXIII,
tit. 7 ; Loi 18, § 4, Dig., *eod.*; Loi 20, § 1, Dig., XXX, tit. 7.

Quant aux incapacités relatives, elles durent être les mêmes que pour le bail à ferme :

1° Les tuteurs et curateurs ne peuvent affermer les terres publiques tant qu'ils n'ont point rendu leurs comptes (1) ;

2° Les mineurs de 25 ans ne peuvent louer les terres du fisc (2) ;

3° Les Curiales, à partir des empereurs Théodose et Valentinien, ne purent prendre à bail les biens privés ; auparavant la prohibition ne portait que sur les terres publiques (3) ;

4° Les administrateurs des biens impériaux ne pouvaient s'en adjuger la concession (4) ;

5° Les militaires, à partir de Modestin, et les membres du clergé, à partir de Justinien ne pouvaient devenir fermiers (5).

§ 3. — Objet (Res).

L'objet du contrat, c'est le domaine à exploiter, c'est le *prædium rusticum* qui doit produire les fruits ; il comprend également les bâtiments d'habitation et d'exploitation.

Le fonds à louer doit être « *dans le commerce* », les « *choses sacrées* » ne sauraient être l'objet d'un louage.

(1) Loi 49, § 1, Dig., *loc conduct.*, liv. XIX, tit. 2.
(2) Loi 45, § 14, Dig., *de jure fisci*, liv. XLIX, tit. 14.
(3) Loi 2, § 1, Dig., liv. L, tit. 8.
(4) Loi unique, Code, liv. XI, tit. 72.
(5) Lois 31, 35, Code, *loc. cond.*, liv. IV, tit. 65 ; Nov.123, ch. VI.

Il doit être existant au moment du contrat ; s'il avait été détruit par une inondation, le contrat ne pourrait se former faute d'objet.

Il n'est pas nécessaire que le *locator* soit le propriétaire du fonds ; il suffit qu'il en ait la jouissance : l'usufruitier, le fermier (1) peuvent louer et sous-louer à un colon partiaire.

Mais le colon partiaire a-t-il lui-même le droit de sous-louer ? Nous ne saurions l'admettre ; c'est là un de ces cas où la condition du partiaire est analogue à celle d'un associé ; dans le fermage, le *locator* n'a aucun intérêt à ce que le *conductor* cultive lui-même ; la redevance est fixe. Dans le colonage partiaire, où la redevance est proportionnelle, cette redevance varie nécessairement avec le rapport, c'est-à-dire avec les soins donnés à la culture, avec l'activité et l'intelligence du colon que le *locator* a spécialement choisi. Donner au colon partiaire le droit de se substituer un autre colon, ce serait lui reconnaître le droit de modifier indirectement la *merces*.

Comme la vente de la chose d'autrui, le louage de la chose d'autrui est conforme aux principes du droit romain (2). La question de propriété n'a pas été envisagée dans le contrat ; le *locator* exécute toute son obligation en procurant au *conductor* une possession paisible ; le *conductor*, de son côté, ne saurait se

---

(1) Loi 6, Code, liv. IV, tit. 65 : *Nemo prohibetur rem quam conduxit, fruendam alii locare : si nihil aliud convenit.*

(2) Loi 9, § 6, Dig., *locati conducti*.

plaindre tant qu'il n'a point subi d'éviction et doit tenir tous ses engagements.

Le propriétaire qui, par ignorance de son droit, prend à bail sa propre chose ne contracte aucune obligation (1). Il est évident qu'on ne peut acquérir une jouissance que l'on a ; rien ne s'oppose au contraire à ce que le nu-propriétaire devienne le colon de celui qui a la jouissance du fonds.

§ 4. — Merces.

La *merces* est une prestation que le *conductor* doit fournir au *locator*, en échange de la jouissance concédée. Dans le colonage partiaire cette prestation consiste en une quote-part des produits du domaine.

La *merces* doit être *certa*, c'est-à-dire déterminée. Y a-t-il louage, lorsque la fixation du prix, ou de la quotité des fruits à fournir, est laissée à l'arbitrage d'un tiers ?

La question était controversée au temps de Gaius ; Justinien la trancha dans le sens d'un louage conditionnel. Si le tiers fixe le prix, il y aura louage ; sinon, il n'y aura point de contrat.

Nous avons vu plus haut que la *merces* ne devait pas nécessairement, comme le prix dans la vente, consister en argent, qu'elle pouvait se composer d'une certaine quantité fixe ou d'une certaine proportion déterminée de fruits, comme la moitié, le tiers, le quart.

(1) Lois 20, 23, Code, *loc. cond.*, liv. IV, tit. 65 ; Loi 15, Dig., liv. XVI, tit. 3.

La *merces* doit être *vera*, c'est-à-dire sérieuse, réelle : *Donationis causa locatio-conductio contrahi non potest.* Les textes s'accordent à reconnaître que là où elle est fictive, le louage est nul en tant que louage et ne peut valoir que comme donation, d'après les règles spéciales à cette espèce d'actes. Néanmoins (1), il est quelques cas où la *locatio uno nummo*, comme la vente *uno nummo*, produit des effets juridiques. Supposons, par exemple, qu'une dot ait pour objet l'usufruit d'un fonds. Le divorce venu, et par hypothèse la nue-propriété de ce fonds n'appartenant pas à la femme, comment s'opérera la restitution de la dot ? Car l'usufruit ne peut quitter son titulaire que pour rejoindre la nue-propriété ; le mari, nous dit Pomponius (2), vendra son usufruit à la femme ou le lui louera *uno nummo*.

Pourvu d'ailleurs que la *merces* soit sérieuse, et que le dol ne soit pour rien dans sa détermination, rien ne s'oppose à ce que l'une des parties obtienne les conditions les plus avantageuses : le louage n'est pas rescindable pour cause de lésion (3).

§ 5. — Durée.

Les parties avaient toute latitude pour fixer la durée au bail ; mais nécessairement il devait durer assez

---

(1) Accarias, t. II, n° 615, p. 489, n° 3.

(2) Loi 66, Dig., *De jure dotium*, XXIII, 3.

(3) *Et ideo prætextu minoris pensionis, locatione facta, si nullus dolus adversarii probari possit, rescindi locatio non potest.* Loi 23, Dig., *loc. cond.*

de temps pour que le colon pût retirer du fonds un profit appréciable. Le bail perpétuel, appelé emphytéose quand il portait sur des biens privés, était soumis à des règles spéciales ; le préteur, à la fin de l'époque classique, accorda à l'emphytéote une sorte de droit réel (1).

Le bail à durée illimitée avait quelquefois l'apparence d'une location perpétuelle : *quamdiu pensio sive reditus domino præstetur* (2) ; d'autrefois, l'apparence d'une concession toujours révocable : *quoad is, qui eam locasset, vellet* (3).

Quelle était la durée ordinaire des baux ? Il résulte de plusieurs textes qu'elle était de cinq ans (4). Les particuliers imitèrent les baux consentis par l'État ; l'État paraît bien avoir été le premier à employer la *locatio conductio* ; Mommsen, qui croit qu'il en fut de même aussi, au début, pour la vente, trouve même là la cause du caractère consensuel de ces contrats : l'État n'ayant besoin d'aucun formalisme pour obliger les particuliers envers lui. Or les biens de l'État étaient loués par les censeurs et les censeurs ne pouvaient engager l'État que pendant la durée de leurs pouvoirs pendant cinq ans (5).

En cas de tacite-reconduction le nouveau bail était d'un an.

(1) Loi 3, § 4, Dig., XXVII, 9.
(2) Institutes, III, tit. 24, § 3.
(3) Loi 4, Dig., *loc. cond.*
(4) Lois 9, § 1 ; 13, § 11 ; 24, § 2, Dig., *loc. cond.*
(5) Esmein, Les baux de cinq ans du droit romain, *Nouvelle revue historique du droit français et étranger*, janv.-fév. 1886.

CHAPITRE IV

Dès sa formation le contrat de colonage fait naître pour chacune des parties des obligations et des droits.

§ 1er. — Obligations du propriétaire.

Le propriétaire est tenu de fournir au preneur, pendant toute la durée du bail, la jouissance du fonds loué ; cette obligation est une obligation successive qui doit s'exécuter *singulis momentis*.

1° *Remise du fonds loué*. — C'est ce premier acte qui permet au colon d'entrer en jouissance. Le colon n'acquiert pas la possession du fonds mais une simple détention qui lui permet d'en retirer les avantages convenus.

Elle doit comprendre tous les accessoires que les parties ont eu en vue d'après l'usage des lieux ou la convention ; c'est ce qu'on appelait louer *cum instrumento* (1). Mais le cas le plus fréquent, dans les premiers temps du moins, c'est que les propriétaires li-

---

(1) Ulpien, loi 19, § 2, Dig., *loc. cond.*

vraient le fonds nu au colon partiaire. Appien nous apprend que les terrains qu'on donnait à colonage étaient des lieux incultes pour la mise en valeur desquels on ne voulait faire aucun frais.

Caton parle des bœufs du partiaire comme s'ils étaient sa propriété exclusive.

La modicité de la redevance l'expliquait aussi suffisamment.

Enfin l'État avait sans doute employé le premier le colonage partiaire et ici encore, comme pour la durée des baux, les particuliers durent le prendre pour modèle ; or l'État concédait le fonds nu.

2° *Entretien du fonds loué pendant toute la durée du contrat.* — C'est la conséquence de l'obligation successive du *locator* ; la jouissance utile du fonds doit être procurée pendant la durée du bail tout entière. Le *locator* doit faire aux bâtiments d'habitation et d'exploitation les réparations nécessaires quand elles ne sont pas occasionnées par la faute du colon.

3° *Garantie des troubles juridiques.* — Le *locator* doit procurer une jouissance paisible ; il est responsable de son fait personnel s'il entrave la jouissance ou s'il expulse le colon sans juste motif. L'exception apportée par la loi *Œde* aux locations des maisons, *prædiorum urbanorum*, ne saurait s'étendre par analogie aux locations rurales (1).

Lorsque l'éviction ne dépend aucunement d'un fait

____

(1) La loi *Œde* permettait au bailleur d'une maison d'expulser son locataire quand il avait besoin de la maison pour son usage personnel. (Loi 3, Code, *loc. cond.*).

imputable au *locator*, il n'est point dû de dommages-intérêts ; mais la *merces* cesse dans le colonage, non seulement parce que, comme dans toute location, elle est le corrélatif de la jouissance procurée, mais parce que elle n'existe plus elle-même.

Peu importe que le fait imputable au *locator* ait dépendu de sa volonté, comme dans le cas de vente du fonds, de constitution d'usufruit, de legs (1), ou qu'il en ait été indépendant comme dans le cas où c'est la chose d'autrui qui a été louée.

L'acheteur est obligé de maintenir le bail s'il s'est obligé par une clause formelle de son acquisition à le respecter.

Lorsque la chose louée n'appartient pas au *locator*, l'éviction par le véritable propriétaire donne certainement droit au preneur de demander des dommages-intérêts, quand le *locator* connaissant son défaut de droit n'en a pas prévenu le preneur. Il y a eu en effet mauvaise foi de sa part.

Mais que décider lorsque le *locator* était de bonne foi et se croyait propriétaire du fonds loué ? Ici encore les dommages-intérêts sont dus : le locateur est responsable de n'avoir pu procurer la jouissance par suite d'un défaut de droit en sa personne ; la question est d'ailleurs formellement tranchée par la loi d'Ulpien (2).

(1) En cas de legs, c'était l'héritier qui devait des dommages-intérêts.

(2) Loi 9, princ., Dig., *loc. cond.* « *Si quis domum bona fide emptam, vel fundum locaverit mihi, isque sit evictus sine dolo malo culpaque ejus : Pomponius ait, nihilominus eum teneri ex conducto ei,*

4° *Garantie des vices.* — Dans la mesure de l'équité, le propriétaire est responsable des vices de la chose louée, *ex bono et æquo debet præstare.*

S'il a remis des tonneaux défectueux qui ont été cause que le vin s'est perdu ou gâté, il doit indemniser le colon dans la mesure du préjudice qu'il a subi ; l'ignorance du propriétaire ne saurait dégager sa responsabilité (1).

Si, au contraire, il a loué des prairies où se sont trouvées des herbes vénéneuses, il n'est responsable du préjudice subi qu'autant qu'il connaissait leur existence au moment du contrat.

Si le propriétaire est en faute de n'avoir pas vérifié l'état des tonneaux, on ne saurait raisonnablement lui reprocher de n'avoir passé en revue toutes les plantes qui croissent sur son fonds. Les herbes vénéneuses, d'ailleurs, ont fort bien pu ne faire leur apparition que d'une façon fortuite pendant le cours du bail.

5° *Remboursement des impenses nécessaires et utiles.* — C'est encore la conséquence du caractère de bonne foi du contrat de location ; en faisant les impenses nécessaires, le colon ne fait qu'exécuter l'obligation du propriétaire ; en faisant des impenses utiles il a

qui conduxit : ut ei præstetur, frui, quod conduxit, licere. Plane, si dominus non patitur, et locator paratus sit aliam habitationem non minus commodam præstare, æquissimum esse ait absolvi locatorem. » Il est évident que la fin de cette loi ne vise que le locataire d'une maison et ne saurait être appliquée, par analogie, ni au fermier, ni au colon partiaire.

(1) Loi 19, § 1, Dig., *loc. cond.*

amélioré le fonds et il est juste qu'elles lui soient remboursées dans la mesure de la plus-value donnée. C'est l'application de la règle : « nul ne peut s'enrichir aux dépens d'autrui ».

Ces considérations sont d'autant plus justes pour le colon partiaire qu'il n'a pas bénéficié exclusivement, comme le fermier, de la plus-value pendant la durée du bail ; la *merces* s'est augmentée proportionnellement à la fertilité (1).

§ 2. — Obligations du colon partiaire.

1° *Il doit fournir la* merces. — La principale obligation du preneur est de s'acquitter envers le bailleur de la redevance convenue ; à la *merces* proprement dite s'ajoutait généralement un certain nombre déterminé de journées d'homme et de bœufs.

La remise des fruits devait nécessairement avoir lieu, comme nous l'avons déjà dit, au moment de la récolte, ou du moins immédiatement après le battage, après la transformation des olives, du raisin, en huile, en vin. Ce qui est dû, en effet, ce n'est pas telle quantité de fruits *in genere*, c'est une certaine portion *in specie* des fruits produits par le fonds lui-même. La difficulté de la surveillance, la crainte de la fraude et des détournements et une foule d'autres considérations pratiques viennent encore appuyer ce raisonnement.

(1) Loi 55, § 1, Dig., *loc. cond.* «... *ad recipienda ea quæ impendit, ex conducto cum domino fundi experiri potest* ».

Dans le bail à ferme le propriétaire n'a à souffrir des mauvaises récoltes qu'autant que le préjudice est considérable *plus quam tolerabile*. Dans le bail à colonage partiaire le propriétaire ressent le contre-coup des plus légères variations ; il ne saurait donc être question pour le partiaire d'obtenir, comme le fermier, une réduction de la *merces*, quand la jouissance du fonds a été diminuée par le fait du propriétaire. Le colon continuera à donner la moitié, le tiers, le quart, comme avant, et la réduction s'opérera d'elle-même proportionnellement à la diminution de jouissance. La question des dommages-intérêts reste entière, bien entendu.

2° *Il doit jouir du fonds loué en bon père de famille et sans en changer la destination.* — Le colon partiaire doit apporter à l'exploitation du domaine les soins d'un père de famille très diligent, et à plus forte raison, ne pas abandonner la culture (1). Il est tenu de labourer les terres, de faire les semences, de tailler les vignes, de soigner les animaux servant à l'exploitation. Chacun des travaux agricoles doit être fait en temps opportun et selon l'usage des lieux (2).

Il doit veiller à ce qu'il ne soit apporté aucune atteinte aux droits du propriétaire par suite de l'empié-

---

(1) Loi 24, § 2, Dig., *loc. cond.*

(2) « *Ante omnia colonus curare debet, ut opera rustica, suo quoque tempore faciat, ne intempestiva cultura deteriorem fundum faceret.* » (Loi 25, § 3, Dig., *loc. cond.*)

« *Circa locationes atque conductiones maxime fides contractus servanda est, si nihil specialiter exprimatur contra consuetudinem regionis.* » (Loi 19, Code, *loc. cond.*)

tement des voisins ou par suite de l'extinction des servitudes actives ; ne pouvant pas agir lui-même en justice, il doit dénoncer ces faits à son maître.

Il est tenu de jouir du fonds, des bâtiments d'exploitation et des divers accessoires, qui lui ont été remis, sans en changer la destination, même dans un but plus avantageux.

Quelle est l'étendue de l'obligation du colon ? Le *conductor*, disent les Instituts de Justinien (1), doit les soins du père de famille le plus diligent. Il est tenu non seulement de son dol et de sa faute lourde, mais il ne saurait dégager sa responsabilité en établissant qu'il a apporté à la chose louée les mêmes soins qu'il apporte habituellement à ses propres affaires ; il est tenu de sa faute appréciée *in abstracto*.

Cette obligation est bien rigoureuse ; et pourtant il semblerait, à première vue, qu'elle doit s'imposer avec plus de force pour le colon partiaire que pour le fermier. Le colon partiaire, en effet, porte atteinte au propriétaire, non seulement en diminuant la valeur du fonds, mais de plus, en diminuant le rendement pendant le bail.

Il faut remarquer, il est vrai, que le propriétaire a un pouvoir de direction et de contrôle et qu'il doit s'en prendre quelque peu à lui-même de s'être désintéressé des choses de son domaine.

La responsabilité du colon partiaire cesse lorsque la perte s'est produite par cas fortuit, pourvu toute-

---

(1) « .. *Ab eo talis custodia desideratur, qualem diligentissimus paterfamilias suis rebus adhibet.* » (Inst. III, XXIV, 5.)

fois encore qu'il n'ait aucune faute à se reprocher (1), *si culpa præcessit, tunc fortuitus casus non excusat.*

Si les ennemis personnels du colon ont ravagé les récoltes, alors même qu'il aurait apporté à leur conservation les soins du père de famille le plus diligent, il n'en est pas moins responsable (2).

Sa faute consiste à s'être fait des ennemis et à avoir amené, par voie de conséquence, les dégâts qu'ils ont faits.

Si les dégâts ont été le fait d'ouvriers employés par le colon sur le domaine, sa responsabilité n'est engagée qu'autant qu'il a commis une faute en introduisant sur le domaine des personnes imprudentes ou sans probité. S'il n'a commis personnellement aucune faute, il n'est pas responsable de leur fait ; le propriétaire pourra simplement exiger l'abandon noxal, s'il s'agit d'esclaves, ou la cession des actions du colon, s'il s'agit d'hommes libres (3).

Rien ne s'oppose à ce que le colon s'engage par une clause du contrat à donner des soins plus vigilants et soit ainsi sous le coup d'une responsabilité plus étroite (4).

3° *Il doit restituer le fonds à la fin du bail.* — Le

----

(1) Loi 11, § 4, Dig., *loc. cond.*
(2) Loi 25, § 4, Dig., *loc. cond.*
(3) Loi 11 pr., Dig., *loc. cond.*
(4) Loi 29, Dig., *eod.* « *In lege locationis scriptum erat, redemptor silvam ne cædito, neve cingito, neve deurito, neve quem cædere, cingere, urere sinito : .... ut redemptor non solum, si quem casu vididisset silvam cædere, prohiberet ; sed uti curaret et daret operam, ne quis cæderet.* »

bail étant un contrat essentiellement temporaire, le preneur est tenu de l'obligation de restituer.

Le cas fortuit, en dehors de toute faute de sa part, peut seul l'en dispenser.

La non exécution de cette obligation est punie sévèrement ; le preneur ou ses héritiers, s'ils succombent, devront restituer le fonds et de plus en payer l'estimation. Cette peine fut portée par une constitution de Zénon (1).

L'obligation de restituer, sauf le cas fortuit, ne comporte aucune exception ; le preneur se croirait-il propriétaire qu'il n'en doit pas moins abandonner la détention, quitte à intenter ensuite une action au pétitoire (2). Du reste le preneur n'est pas un possesseur au sens juridique du mot, et il ne saurait se prévaloir d'une situation qu'il n'a pas.

§ 3. — Des risques.

Dans la vente, dès que le contrat est parfait, les risques de la chose vendue sont à la charge de l'acquéreur ; l'obligation du vendeur et l'obligation de l'acheteur doivent sans doute coexister au moment de la formation du contrat, puisqu'elles se servent réciproquement de cause ; mais, une fois nées, leur existence devient distincte et indépendante. L'impossibilité pour le vendeur de livrer la chose vendue n'empêche pas de subsister l'obligation pour l'acheteur de payer

(1) Loi 34, Code, *loc. cond.*
(2) Loi 25, Code, *loc. cond.*

le prix. La chose périt pour le créancier et non pour le propriétaire.

Dans le bail à ferme les risques sont à la charge du bailleur. Si le fonds est détruit par une inondation ou pris par l'ennemi, le preneur ne doit plus la *merces* convenue. Il a droit à une remise, si le fonds n'est détruit qu'en partie. C'est qu'en effet le bailleur n'est pas tenu, comme le vendeur, d'une obligation simple et unique de livrer la chose; il doit fournir la jouissance du fonds jusqu'à la fin du bail. Son obligation est successive, elle est et demeure jusqu'à la fin le corollaire de l'obligation du preneur.

Dans le colonage partiaire la théorie des risques n'a aucune application. Si l'exécution de l'obligation du bailleur devient impossible, l'exécution de l'obligation du preneur devient d'elle-même matériellement impossible. Le fonds est-il détruit — il n'y a plus de fruits et par conséquent plus de *merces*. Le fonds est-il diminué de moitié — la redevance que doit fournir le colon restera toujours telle qu'elle a été convenue, c'est-à-dire du quart, du tiers ou de la moitié des fruits, mais cette quote-part, par la force même des choses, ne pourra être prise que sur les fruits produits par la partie du fonds qui subsiste encore.

§ 4. — Actions naissant du contrat de colonage.

1° *Actions locati conducti*. — L'action *locati* est donnée au *locator* pour obtenir l'exécution des obligations du *conductor*.

L'action *conducti* est donnée au *conductor* pour obtenir de même l'exécution des obligations du *locator*.

Ces deux actions peuvent servir également à obtenir la résiliation du contrat (1).

Elles sont personnelles : par l'action *conducti* le preneur ne peut agir contre les tiers ; il ne peut que recourir au *locator* qui doit le garantir de toute éviction. Si un voleur s'empare des fruits avant qu'ils soient perçus par le preneur, ce dernier, nous l'avons vu, n'a pas la *condictio furtiva* puisque ces fruits ne lui appartenaient pas encore.

Par contre, il pourra, ayant un intérêt légitime à faire valoir, intenter efficacement l'*actio furti* (2).

Les actions *locati conducti* sont des actions de bonne foi, et le juge devra tenir compte des considérations d'équité.

2° *Interdit Salvien et action Servienne.* — L'interdit Salvien, créé par le préteur Salvius, avait pour but de faire acquérir au bailleur la possession des choses que le preneur avait spécialement affectées à la garantie de l'exécution de ses obligations.

L'action *locati* seule aurait été insuffisante en face de l'insolvabilité et de la mauvaise foi du colon ; d'un autre côté le bailleur ne pouvait songer à exiger un gage proprement dit d'un colon, qui n'avait généralement que ses seuls instruments de travail ; ce fut l'heureux effet de l'innovation du préteur de permettre désormais au preneur d'affecter comme gage,

(1) Loi 15, § 9, Dig., *loc. cond.*
(2) Inst., IV, I, 13.

sans s'en dépouiller, ses instruments, ses récoltes, ses animaux et ses meubles de toute nature.

L'action Servienne, introduite par le préteur Servius, probablement postérieure à l'interdit Salvien, donna encore au bailleur, par le seul effet de la convention, un droit réel sur ces objets et lui permit de les revendiquer.

Interdit et action n'appartiennent qu'aux bailleurs de fonds ruraux. Ils ne portent que sur les objets qui ont été expressément affectés comme gage et qui ont réellement été apportés dans le domaine (1).

Par exception les fruits produits par le fonds sont tacitement compris comme faisant partie du gage du bailleur, en dehors de toute clause en faisant mention (2).

L'interdit Salvien et l'action Servienne sont donnés contre le preneur et contre les tiers (3).

La coexistence de l'interdit et de l'action s'explique par la différence du but que l'on poursuit par ces deux voies de droit : l'interdit ne soulève qu'une question de possession, de fait ; l'action touche à une question de droit.

L'interdit ne tranche la question que momentanément en donnant le rôle de défendeur à celui qui triomphe ; l'action donne une solution définitive.

L'interdit réussira si le bailleur peut prouver et

____

(1) Lois 1, 2, Dig., *De Salv. interd.*, liv. XLIII, tit. 33.
(2) Loi 7, princ., Dig., liv. XX, tit. 2.
(3) L'emploi et les conditions de succès de l'interdit Salvien et de l'action Servienne ont donné lieu à de sérieuses controverses.

prouver seulement que les objets ont été affectés par la convention comme garantie de ses droits et qu'ils ont réellement été introduits sur le fonds ; l'action ne réussira qu'autant que le bailleur prouvera en outre que la convention d'hypothèque est valable et que les objets étaient la propriété du colon ou qu'ils ont été hypothéqués par lui du consentement du propriétaire.

Des conditions de succès et des résultats si différents expliquent suffisamment la création de l'action et le maintien de l'interdit.

CHAPITRE V

§ 1er. — **Arrivée du terme.**

L'arrivée du terme convenu met fin au contrat; c'est l'exécution de la volonté des parties et la fin ordinaire du bail.

Tacite reconduction. — A l'expiration du terme, si le colon reste sur le fonds du consentement du propriétaire, il résulte de ce fait une présomption que les parties ont voulu renouveler entre elles l'ancien contrat. C'est ce qu'on appelle la tacite reconduction. L'arrivée du terme n'en a pas moins mis fin au premier bail, et c'est un nouveau bail qui se contracte tacitement.

La tacite reconduction ne peut donc se produire qu'autant que les parties sont restées capables de s'engager réciproquement ; le consentement tacite doit être un consentement valable.

Le nouveau bail suit les mêmes règles que l'ancien, puisqu'on n'a pas manifesté l'intention de les changer ; les obligations des parties restent les mêmes et les sûretés consenties par le colon continuent (1).

Il n'y a d'exception qu'en ce qui concerne les sûre-

(1) Loi 14, Dig., *loc. cond.*

tés consenties par un tiers, et la durée du nouveau bail.

Pour le tiers la tacite reconduction est *res inter alios acta*.

La durée du nouveau bail est d'une année seulement (1). Cette dérogation aux règles de l'ancien bail, en dehors de toute intention d'innover chez les parties, paraît assez difficile à expliquer.

M. Esmein (2) pense que les particuliers prirent encore sur ce point l'État pour modèle. Les censeurs affermaient les biens de l'État pour cinq ans. Mais, par suite de troubles intérieurs ou extérieurs, le *census* pouvait être retardé en fait, et il l'était assez fréquemment. Les biens affermés dont le bail avait pris fin avec le pouvoir des derniers censeurs ne pouvaient sans grand préjudice rester incultes jusqu'à la nomination de nouveaux censeurs. Pour y obvier on dut décider que le bail serait de plein droit prolongé d'un an, quitte, s'il y avait lieu, à renouveler cette prolongation.

§ 2. — Inexécution des obligations.

Chaque partie, en cas d'inexécution des obligations de son co-contractant, a le droit de demander judiciairement la résiliation du bail. Le juge a un pouvoir d'appréciation souverain pour décider si l'inexécution

(1) Loi 13, § 11, Dig., *loc. cond.*
(2) Esmein, *op. cit., eod.*

est assez grave pour motiver la résolution du contrat. Cette résiliation n'a pas lieu de plein droit ; elle résulte de la sentence du juge, même dans le cas où une clause résolutoire expresse aurait été mentionnée dans le contrat.

La résiliation n'a pas d'effet rétroactif ; elle ne vise que l'avenir et laisse subsister dans le passé les effets du bail.

Lorsque la demande est motivée sur le défaut de paiement de la *merces*, la résiliation, en matière de bail à ferme, ne peut être prononcée qu'autant que le preneur doit au moins deux années de fermages (1). Dans le bail à part de fruits la question ne peut guère se présenter dans la pratique : le propriétaire se fait délivrer la *merces* au moment de la récolte ; néanmoins, le cas échéant, la même règle devait s'appliquer.

§ 3. — Contrarius consensus.

Les parties d'un commun accord peuvent dissoudre le bail qu'elles ont contracté, que ce bail ait ou non commencé. Les contrats qui se forment par le seul consentement peuvent toujours prendre fin par le mutuel dissentiment.

§ 4. — Confusion.

La réunion, sur la même tête, des qualités de bailleur et de preneur fait cesser le bail en le rendant

(1) Lois 54, § 1 ; 56, Dig., *loc. cond.*

impossible. On ne saurait être en effet son propre colon.

§ 5. — Fin du droit du concédant.

Le bail prend fin avec le droit du bailleur ; ce dernier en effet ne peut plus fournir au preneur une jouissance qu'il a perdue.

Peu importe que ce soit le résultat d'une éviction ou d'une aliénation volontaire ; le preneur n'a qu'un droit personnel contre le bailleur et sa seule ressource sera d'obtenir la réparation du préjudice qui lui est causé.

Le bailleur s'est-il engagé à ne pas aliéner le fonds loué, l'aliénation par lui faite n'en sera pas moins valable et l'acquéreur pourra toujours expulser le colon.

Ces principes sont bien rigoureux pour le preneur ; mais, dans la pratique, ils s'appliquaient rarement : le bailleur, pour éviter une condamnation à des dommages-intérêts considérables, avait trop intérêt à mettre comme condition de son aliénation que le bail serait maintenu par l'acquéreur (1).

§ 6. — Perte totale de la chose.

La perte totale du fonds loué par suite d'une inondation, d'un tremblement de terre, d'une occupation par l'ennemi met fin au contrat (2).

(1) Loi 9, Code, *loc. cond.*
(2) Loi 15, § 1, Dig., *loc. cond.*

Comment d'ailleurs pourrait-il y avoir une redevance en fruits, puisqu'il n'y a plus de fonds pour les
produire.

La perte partielle du fonds peut entraîner la résiliation du bail, lorsque la partie restante est insuffisante pour répondre au but poursuivi par les parties.

§ 7. — **Mort du colon.**

Dans le bail à ferme, la mort du bailleur ni celle du
preneur ne font cesser le bail ; il n'y a en effet aucun
intérêt pour qu'il en soit autrement. Les héritiers des
deux parties exécuteront identiquement les mêmes
obligations, et notamment, les héritiers du fermier,
qu'ils cultivent bien ou mal, continueront à payer
annuellement la même somme d'argent.

Dans le colonage partiaire il n'en est pas de même :
la *merces* n'est pas d'une somme, d'une quantité invariable ; elle consiste en une quote-part déterminée
des produits du fonds ; cette quote-part variera forcément de quantité avec le rendement, et le rendement
avec les qualités personnelles du colon. Il nous semble donc qu'il est de l'essence du colonage qu'il prenne
fin par la mort du colon *cujus electa est industria.*

DROIT FRANÇAIS

DU BAIL A COLONAT PARTIAIRE

OU BAIL A MÉTAIRIE

LOI DU 18 JUILLET 1889

INTRODUCTION

Aperçu sur l'institution du colonage partiaire. — Avec les seules données de l'histoire il est impossible de remonter à l'origine du colonage partiaire ; elle se perd dans le lointain des siècles. Cette institution, au début de la civilisation romaine, n'est attestée par aucun texte ; elle n'apparaît plus tard que comme une modification, une transformation du louage en argent en louage à part de fruits. Aucun texte n'autorise à penser que le colonage à Rome eût précédé le fermage ; tous les documents au contraire portent à croire qu'il lui succéda pour remédier à ses inconvénients.

En France, pendant tout le moyen âge, l'obscurité est encore plus grande ; et en donnant notre opinion sur ce point d'histoire, nous ne pouvons guère songer qu'à ajouter une nouvelle hypothèse à beaucoup d'autres.

L'institution du colonage, croyons-nous, n'est pas née spontanément sur le sol de l'ancienne Gaule. Elle s'y est implantée avec l'occupation romaine ; elle s'y est conservée par tradition, très réduite sans doute, modifiée d'après le milieu social, mais sans disparaître absolument. On aurait peine à croire, en effet, que le nom actuel d'une grande partie de nos communes rurales, que leur étendue même, aient leur origine dans le nom et l'étendue des domaines des propriétaires gallo-romains, que ces noms aient pu traverser les siècles jusqu'à notre époque à peine modifiés par le génie de la langue (1), et qu'une institution, qui était intimement liée à la constitution de cette propriété, ait pu sombrer néanmoins sans laisser aucune trace.

Que s'est-il donc passé au début de notre civilisation, lorsque l'amodiation, par suite du développement de l'agriculture, a vu s'étendre à nouveau son champ d'application ? Le colonage a-t-il été le système exclusivement adopté, précédant et préparant dans le fermage un mode d'exploitation plus indépendant, qui devait paraître plus tard et le remplacer ?

Nous ne le pensons pas ; contrairement à l'opinion universellement admise, nous serions tentés de croire que comme à Rome — comme partout — il a été précédé par le fermage, et ne s'est développé que par suite de la transformation de ce dernier.

(1) Fustel de Coulanges, *L'alleu et le domaine rural*, p. 229-231. V. D'Harbois de Jubainville, *Recherches sur l'origine de la propriété foncière et des noms de lieux habités en France*.

L'explication de la formation du métayage par la suppression de la corvée au moyen âge est ingénieuse: les cultivateurs, qui étaient tenus de consacrer la moitié de leur temps à cultiver les terres que les seigneurs se réservaient en propre, convinrent, d'un commun accord avec ces derniers, qu'au lieu de leur donner la moitié de leur temps, ils leur donneraient la moitié des récoltes, en travaillant désormais pour leur propre compte.

Le métayage, ajoute-t-on, aurait trouvé au moyen âge un milieu social favorable à son extension. Sous l'influence de l'affranchissement des classes rurales, le traditionnel système de la culture *à part variable de fruits serait devenu le contrat de métayage.* Les seigneurs l'auraient adopté d'autant plus volontiers qu'il s'alliait très bien avec l'état de dépendance auquel le régime féodal avait accoutumé les populations agricoles. « Nul n'ignore, dit Baudrillard (1), que le » métayage libre avait été lui-même un progrès con- » sidérable sur le servage, en élevant davantage le » travailleur à l'état d'homme, en le rendant plus » actif, plus prévoyant et en faisant profiter la terre » elle-même et les seigneurs de cet accroissement de » force productrice. La richesse et la civilisation » avaient suscité à leur tour au métayage une double » concurrence longtemps très inférieure par le nom- » bre dans la propriété individuelle et dans le fer- » mage. »

Ainsi, de même que Fustel de Coulanges fait du colonage partiaire à Rome un état intermédiaire entre

_____

(1) Baudrillard, *Revue des Deux-Mondes,* 1ᵉʳ octobre 1885.

le fermage et le colonat (1), de même en France les économistes en font une étape entre le servage et le bail à ferme ; et il semble que les populations agricoles, dans leur évolution vers la liberté, remontent l'échelle qui les avait fait autrefois descendre à l'esclavage.

Quelque plausible que soit en elle-même cette transformation du servage et de la corvée en métayage, on ne peut s'empêcher d'être surpris qu'un mouvement de cette importance ait passé inaperçu ou n'ait laissé aucune trace dans les écrits de l'époque. Les métayers, sans doute, étaient d'humbles tenanciers dont la liberté était très relative, et l'on comprend que leurs contrats n'aient pas souvent revêtu la forme écrite. Néanmoins on ne peut se défendre d'un doute, et ce doute s'accentue lorsqu'on se rend compte du rôle que joue à la même époque le fermage : on a peine à comprendre en effet que pendant tout le moyen âge le fermage ait pu avoir une grande extension, si réellement il a été, comme on l'affirme, le dernier degré de l'évolution vers la liberté.

Au IXe siècle, conformément aux édits de Charlemagne, de nombreux domaines eurent leur description ; on indiquait d'abord l'étendue et la nature des terres de la partie réservée au propriétaire et qu'on appelait le *mansus dominicatus* ; on énumérait ensuite les divers manses plus petits qui étaient aux

---

(1) Pour éviter toute confusion entre le colonage, qui est une tenure libre, et le colonat romain, qui est une sorte de servitude de la terre, le législateur de 1889 aurait mieux fait de se conformer au sens reçu de ces expressions et de donner pour titre à la nouvelle loi : Bail à colonage partiaire.

mains des tenanciers, leur nature, leur contenance, le mode de tenure et le nom des tenanciers. La description des domaines d'un même propriétaire, de la même abbaye, portait le nom de polyptique (1).

Dans les divers polyptiques qui nous sont parvenus, les tenanciers sont des hommes libres (2), des colons, des lides ou des serfs (3). Les colons partiaires y sont très rares ; les tenanciers payent des redevances fixes et doivent des corvées. Dans le polyptique d'Irminon, sur 1646 domaines, 10 seulement sont cultivés par des colons partiaires. Dans celui de St-Remi de Reims, dans le registre de Suger, abbé de St-Denis, dans celui de Notre-Dame de Chartres, les cas de métayage sont encore plus rares.

Un fait intéressant à remarquer, c'est que la redevance quelquefois est facultativement de la moitié des fruits ou d'une somme d'argent, *aut arat ad medietatem aut denaris XII*. Nous avons déjà signalé des clauses de transformation du fermage en colonage partiaire ; ici la transformation au lieu d'être conditionnelle est facultative.

Le premier bail à ferme et le premier bail à métairie cités par Ducange datent tous deux du XIᵉ siècle(4).

A cette même époque les seigneurs se préoccupent peu de l'agriculture ; ils ne visent qu'à augmenter

(1) Fustel de Coulanges, *Recherches sur quelques problèmes d'histoire*, page 167.

(2) *Tenet eum Adaigardls libera....* Polyptique de l'abbé Irminon, éd. Guérard, t. 2, XII. *Breve de centena Corbonensi*, n° 26.

(3) Il semble que la liberté allait en décroissant de la première à la quatrième classe. Mais les termes lide et colon sont synonymes au IXᵉ siècle. (Garsonnet, *op. cit.*, p. 290.)

(4) Ducange, *Glossaire*.

leur puissance, en étendant leur territoire. Ils ont besoin sans doute d'une certaine quantité de denrées pour approvisionner le manoir, mais ce qu'il leur faut surtout, c'est de l'argent pour parer à leurs dépenses et aux frais de leurs guerres incessantes. Qu'auraient-ils fait d'ailleurs de cette immense quantité de fruits ? Il ne faut pas oublier que le commerce pour la noblesse était un acte de dérogeance.

A la fin du XVIe siècle, l'auteur du *Théâtre d'agriculture et du ménage des champs*, Olivier de Serres, fait une critique sévère du fermage qu'il indique comme le mode d'exploitation le plus répandu ; c'est le seul en honneur, dit-il, sur les terres du roi, des princes, des grands seigneurs, des communautés, des pupilles et autres. Il recommande le métayage comme le système le plus avantageux : « Quelqu'il soit vos-
» tre fermier, au lieu d'augmenter vostre bien le vous
» diminuera ; comme à la longue ainsi le recognois-
» trés, quand au bout de leurs termes, ils vous ren-
» dront vos terres lasses et recreues comme chevaux
» de louage et vos maisons débiffées. »

Au XVIIIe siècle, Pothier, en traitant du louage des terres, fait la remarque suivante : « Les métairies
» *se louent souvent* pour une certaine quantité de
» grain pour chacun an, les vignes pour une certaine
» quantité de vin, les terres plantées en oliviers pour
» une certaine quantité d'huile. Ces fermes s'appel-
» lent *moissons.* »

« *Quelquefois aussi* les héritages s'afferment pour
» une portion aliquote de fruits qui se recueillent ;
» par exemple à la charge que le fermier donnera au
» locateur la moitié des blés qui seront recueillis pour

» chacun an ou le tiers ou le quart : ces sortes de baux
» se nomment baux partiaires » (1).

Pothier, qui emploie indifféremment le mot de métairie, qui n'avait pas un sens spécial précis, distingue soigneusement, en jurisconsulte, le bail à redevance fixe du bail partiaire ; il indique la fréquence du
premier, la rareté du second.

Adam Smith et Arthur Young semblent au contraire
avoir confondu ces deux contrats, et c'est ce qui explique qu'ils aient pu écrire qu'à la fin du XVIIIe siècle le métayage embrassait plus des 5/6 du territoire
de la France.

Ainsi, à toutes les époques, nous constatons la coexistence du bail à ferme et du colonage. Le fermage,
sous ses deux formes, paraît avoir été d'autant plus
répandu que l'on remonte plus haut dans l'histoire ;
et s'il y a eu une évolution, elle ne s'est point faite
du métayage au fermage, mais du fermage au métayage.

N'y aurait-il eu là qu'une situation anormale ? A
un point de vue général, le fermage, procédé plus complexe, plus parfait, aurait-il suivi le colonage, procédé
plus informe et plus simple ?

La solution de cette question n'est pas sans importance : dans cette éternelle controverse sur la nature
du colonage, il est évident que les choses prendront
un aspect tout différent si l'on admet la culture à part
de fruits comme une institution primordiale indépendante, ou si l'on y voit seulement un fermage dérivé,
un fermage assoupli aux circonstances.

(1) Pothier, *Louage*, IV, par. 302.

Il semble paradoxal, au premier abord, de soutenir que le fermage ait pu précéder le colonage partiaire. N'est-il pas naturel, dit-on, que les premiers propriétaires aient songé tout d'abord à partager les produits de leurs terres avec ceux qui consacraient leur travail à les faire venir ? Conçoit-on que la première idée chez des esprits primitifs ait été d'apprécier abstraitement en argent la valeur de la jouissance concédée ; et ce n'est pas tout, le fermage suppose la monnaie puisqu'il se paye en argent, et comment affermer en argent avant la création de la monnaie ? Cette considération est tellement décisive que de nos jours encore c'est dans les contrées les plus pauvres, où la monnaie est la plus rare, dans ces contrées qu'on a spirituellement définies « pauvres d'esprit et d'argent » que le métayage s'est conservé et prédomine.

Cette argumentation cependant ne nous paraît aucunement démonstrative.

Le colonage, comme le fermage, chez tous les peuples où ils ont existé, chez ceux-là du moins où ils n'ont pas été le résultat d'une civilisation prise ailleurs, ont dû se développer d'une façon uniforme, car *les institutions naissent des besoins.*

Un point incontestable c'est qu'ils n'ont pu prendre naissance que dans des nations d'une civilisation avancée. Les peuples chasseurs, les peuples pasteurs, les agriculteurs primitifs, qui pratiquaient la propriété collective, n'ont pas pu connaître l'amodiation parce que chez eux elle n'avait pas sa raison d'être.

Ce ne fut que plus tard, quand le sol fut approprié, quand la propriété individuelle fut solidairement établie, passée dans les mœurs et sanctionnée par des lois, que l'amodiation put naître ; et encore n'en fut-il probablement pas ainsi au début; l'appropriation du sol dut se borner à ce que chacun pouvait cultiver, et le faire valoir dut suffire pendant longtemps.

Ce ne fut pas l'État qui s'en fit l'initiateur : ici, comme en toute matière économique, l'État n'a rien créé ; il n'a fait que suivre l'initiative individuelle et la réglementer. Ces concessionnaires qui, vaincus ou esclaves, cultivaient la terre par nécessité et payaient une redevance imposée par le vainqueur, n'étaient ni des fermiers ni des colons partiaires, ni à plus forte raison les premiers colons ou les premiers fermiers. L'État d'ailleurs ne peut guère exercer une surveillance efficace et il a besoin surtout de revenus fixes ; n'aurait-il pas eu à compter avec les mêmes difficultés que les particuliers ? Qu'aurait-il fait de tant de fruits s'il n'avait pu les vendre, et dès lors n'aurait-il pas été plus simple de réclamer directement une redevance en monnaie ? L'État n'a recouru au colonage partiaire que dans les mêmes circonstances et sous le coup des mêmes nécessités que les particuliers.

L'amodiation eut son origine dans l'appropriation du sol fertile par les particuliers, dans l'extension juridique du droit de propriété et dans la transformation du sol en capital par le travail. Qu'on songe, en effet, combien le droit du concédant a été, de tout temps, à l'abri des dispositions du concessionnaire ; le droit de jouissance de ce dernier ne lui donne qu'une possession matérielle, sans caractère juridique et très précaire au début ; ce n'est que lentement que son droit se développe et obtient quelques garanties de durée et de respect à l'encontre du fait du propriétaire.

De toute nécessité, puisqu'il s'agit de convention libre, il fallait bien que le preneur eut besoin d'une certaine surface de terre pour vivre en la travaillant, ou bien il faut admettre qu'il trouvait avantage à cultiver certaines terres, même en fournissant au propriétaire une rémunération, parce que ces terres étaient plus fertiles, parce que, en les améliorant, on en avait fait des capitaux : n'est-ce pas dire que la richesse était déjà abondante, le capital formé, la division du travail et des professions accomplie, les échanges faciles et multipliés.

Ce point acquis, est-il donc vrai que le bail à colonage et le bail à ferme aient suivi dans leur développement une marche parallèle à l'échange et à la vente? Est-il vrai que le colonage soit plus simple que le fermage ? En d'autres termes, l'échange des services en monnaie est-il plus complexe que l'échange des services en produits ?

Il est indéniable qu'au début de toute civilisation le troc ou échange direct des marchandises a précédé la vente ; mais est-ce à dire que l'échange soit plus simple? Quelle serait alors l'utilité de la monnaie? Dans l'échange, chaque partie tend à obtenir au moins l'équivalent de ce qu'elle fournit ; si je veux échanger un objet contre un autre, il faut que je compare l'utilité de chaque chose ; avec la monnaie la chose est simple, car la monnaie est une marchandise choisie pour servir de mesure à la valeur des autres marchandises. Mais si la monnaie n'existe point, si l'on ne peut comparer la valeur des objets à une valeur commune, si l'on ne peut les mesurer, en un mot, quelles difficultés ne faudrait-il point surmonter pour se faire une idée quelque peu nette de leurs utilités respectives. C'est ce qui explique la création de la monnaie, c'est ce qui explique qu'elle apparaît partout comme une institution spontanée, inconsciente en quelque sorte, chez tous les peuples civilisés et même chez la plupart des peuplades sauvages.

Si l'échange de marchandise à marchandise, ou l'absence de la monnaie, présente de si grandes difficultés, que sera-ce alors de l'échange d'un fait contre une marchandise et surtout de l'échange d'une continuité de faits personnels et relatifs, comme la culture, contre une part toujours aléatoire de produits, comme une portion des récoltes ?

Il paraît tout naturel sans doute que par une convention de pur hasard, de première inspiration, le propriétaire ait consenti à abandonner la moitié des produits de sa terre à qui voudrait la cultiver ; mais les choses ne se sont pas passées ainsi ; le métayage, ou partage par moitié, est de date trop récente pour qu'on puisse tenir compte d'un tel raisonnement. Chez les Hébreux, en Egypte, en Grèce, à Rome et peut-être même en France les colons ont commencé par fournir une redevance bien inférieure à la moitié. Cette redevance variait aussi avec la nature des héritages. C'était le 1/10, 1/6, 1/5, 1/4, 1/3, et les colons partiaires portaient des noms spéciaux tirés de la quote-part qu'ils avaient à fournir, et le mot de métayer n'existait point (1).

(1) Les expressions suivantes en font preuve : En Grèce on di-

La détermination, sans le secours de la monnaie, de l'équivalence du travail du colon à la concession de jouissance du propriétaire, se présente donc avec une telle complexité que si elle avait pu se produire dans la réalité des faits, elle aurait entraîné des difficultés presque insurmontables. Il est difficile de raisonner en se reportant à un état de choses qui n'est plus et que l'on conçoit à peine ; mais on peut s'en rendre compte par cette considération que de nos jours, avec toutes les facilités d'évaluation que nous avons à notre disposition, la plupart des propriétaires ne songent pas à modifier la proportion de la redevance de leurs métayers. L'agriculture a fait pourtant de grands progrès, les qualités productives des héritages ont augmenté et dans la plupart des contrées le service rendu par le colon n'est pas l'équivalent de la moitié des produits. Cette stabilité n'a pas seulement sa raison d'être dans la tradition et dans les usages locaux ; les usages se modifient quand ils deviennent contraires à la nature des choses, et il y a en France nombre de vignerons qui donnent les deux tiers et même les trois quarts des produits. Non, la vérité est que l'évaluation de ces variations en produits est trop difficile et qu'il est bien plus simple de ramener les échanges à l'équivalence par l'addition d'une redevance en argent et c'est ce qui a lieu, sous le nom de prestation colonique.

C'est également à cause de cette même difficulté, de cette même complexité, que la plupart des auteurs

sait γεωρ γος μορτιτης, εκτιμορους, τετρακιζειν ; R) n e, *partiarius ;* en France au moyen âge, *tertiator, terzare, quartagium, quartales vinex, qui excolunt ad quartum vel quintum.*

déclarent que les biens de l'État ne peuvent être donnés à métayage, parce que, disent-ils, la formalité des
enchères ne semble point se concilier avec une redevance à part de fruits ; — comme si, en théorie, les
proportions n'étaient pas divisibles à l'infini comme
les nombres !

D'un autre côté, si, au début de la société, on conçoit qu'il ait pu exister un troc imparfait basé uniquement sur les besoins individuels immédiats et sans
rapport direct avec la valeur réelle des choses ; si l'on
comprend par exemple qu'un homme pressé par le
besoin ait pu échanger contre un aliment des vête-
ments d'une valeur bien plus considérable, conçoit-on
qu'un homme ait eu un besoin absolu, immédiat de
cultiver, un autre de donner à bail, de telle sorte que
la règle de l'équivalence des échanges ait pu être élu-
dée ? Et de plus, comment expliquer alors l'uniformité
de la redevance et sa progression lente mais continue
avec l'amélioration du sol ? Voudrait-on faire remonter l'existence du colonage à cette époque primitive
où l'homme remuait la terre pour y enfouir ses premières céréales avec des pieux informes ou le tran-
chant des pierres ?

La propriété foncière suppose le développement de
l'agriculture et l'agriculture, la métallurgie, la division du travail, les échanges et la monnaie. « La cul-
» ture des terres, dit Montesquieu, demande l'usage de
» la monnaie ; cette culture suppose beaucoup d'arts
» et de connaissances et l'on voit toujours marcher
» d'un pas égal les arts, les connaissances et les be-
» soins ; tout cela conduit à l'établissement d'un si-
» gne des valeurs (1) ».

(1) *Esprit des lois*, XVIII, 15.

Ainsi à moins de nier cette loi économique du développement parallèle des diverses industries, il faut bien reconnaître que l'idée de la préexistence du colonage partiaire à la monnaie ne repose, en somme, quelque apparence qu'elle puisse revêtir, que sur une affirmation assez légère.

Peut-être s'est-il glissé dans les esprits, d'une façon générale, cette confusion que nous avons déjà constatée entre le colonage partiaire et le fermage moyennant une quantité fixe de produits, comme, par exemple, cent mesures de blé à donner annuellement. Ce fermage en nature se confond absolument avec le fermage en argent : c'est un louage pur et simple, avec un prix invariable, déterminé à forfait. Sa nature est essentiellement différente de celle du colonage partiaire. S'il avait précédé le fermage en argent, il laisserait donc la question entière, ou plutôt il la trancherait dans le sens que nous admettons.

Mais il faut se garder encore d'une seconde confusion : la monnaie métallique, incontestablement, n'a pas été la première monnaie ; cette industrie a suivi, comme toutes les autres, la marche de la civilisation. Chez les premiers peuples agriculteurs, elle consista en têtes de bétail, en mesures d'huile, de vin et surtout en mesures de blé (1). Si, par hypothèse, l'amodiation remontait jusqu'à ces époques primitives, il faudrait bien convenir que le fermage en nature n'aurait été qu'un véritable fermage en monnaie.

Il est bien peu probable cependant qu'il en ait été

(1) Dans la Creuse, il existe encore, à la campagne, certains travaux sans rapport immédiat avec l'agriculture qui sont payés en boisseaux de blé d'après un usage immémorial.

ainsi. Ce qui explique la fréquence du fermage en nature, ce n'est pas l'absence, mais la rareté de la monnaie métallique. Aux époques primitives où la monnaie était rare, les objets d'une consommation usuelle,
« que tout le monde possède et dont tout le monde a un
certain besoin », devaient remplacer fréquemment la
monnaie dans les échanges, et devenir, selon l'expression de Montesquieu, la monnaie de la monnaie (1).

L'amodiation, d'ailleurs, nous l'avons dit, suppose
la propriété individuelle, ainsi que le développement
de l'agriculture et cette dernière, celui de la métallurgie ; de la métallurgie à l'adoption d'une monnaie
métallique, on peut dire, en appréciant les choses
avec les réductions de l'éloignement, qu'il n'y avait
qu'un pas. La métallurgie remonte si haut dans l'histoire de l'humanité qu'elle appartient au domaine de
la mythologie, et de récentes découvertes dans l'Asie
centrale auraient permis de reconstituer une nation
houngrienne bien antérieure à la race Aryenne, en
se basant sur son unité de titre pour le bronze (10 pour
100 d'étain) (2).

Comment le colonage partiaire s'est-il donc formé ? La lettre de Pline nous en fait saisir sur le vif
l'étiologie. Il est né de la transformation du louage à
prix fixe en louage à prix proportionnel. Il faut renon-

----

(1) « Les lois des Germains apprécièrent en argent les satis-
factions pour les torts que l'on avait faits et pour les peines des
crimes ; mais, comme on avait très peu d'argent dans le pays,
elles réapprécièrent l'argent en denrées, en bétail ». Montesquieu,
Esprit des lois, XXII, ch. 2. — Tacite, *de morib. germ.*, chap. XII
et **XXI**.

(2) Revel, *Chez nos ancêtres*, p. 416.

cer à trouver dans le colonage des premiers temps l'expression d'un besoin économique primordial : il ne faut pas y chercher autre chose que ce que Pline, lui-même, se propose d'y trouver. Plus on remonte le cours de la civilisation, moins les choses de l'agriculture, selon l'expression de Coquille, se présentent comme « choses d'industrie exquise ». Cette coopération active du propriétaire, comme directeur de culture, cet appel au bailleur du sol de suppléer à l'absence d'une institution de Crédit agricole et de se faire le bailleur de fonds de ses colons, sont des idées de notre époque ; elles ont pu donner au métayage une allure propre, le faire consacrer comme un système définitif, comme le système de l'avenir, mais on ne saurait en trouver trace dans l'antiquité.

Il y a à peine quelques années d'ailleurs, le métayage était loin de jouir d'une semblable considération. On le tenait pour un mode d'exploitation inférieur appelé, tout au plus, à remplacer le bail à ferme aux moments de crises.

Dans la pratique de tous les temps, le bail à ferme a toujours été préféré au bail partiaire ; seul, en effet, il pourrait donner immédiatement satisfaction aux besoins et aux aspirations des parties contractantes ; le preneur, en payant une rente fixe, y trouvait l'indépendance personnelle, la liberté de cultiver à sa guise, la certitude que le fruit de ses travaux et de ses améliorations lui appartiendrait en propre. Le propriétaire, de son côté, y voyait des revenus fixes assurés, l'affranchissement des charges et des ennuis de la culture, l'entière liberté de disposer de son temps, pour vivre de ses revenus dans l'oisiveté, ou pour l'employer à une autre profession plus honorifique ou plus lucrative.

Mais à côté de ces avantages apparents, le bail à ferme présentait des imperfections latentes que la pratique devait aussitôt mettre à jour. En isolant complètement l'intérêt du propriétaire de celui du fermier, la rente fixe exposait ce dernier à des risques excessifs. Son obligation demeurait invariable, alors que les résultats de l'exploitation restaient toujours aléatoires dans leur quantum. Le capital de culture des premiers fermiers devait être peu considérable et souvent même ne pas exister. La prévoyance, l'épargne, qui seules auraient permis de constituer un fonds de réserve destiné à assurer le paiement de la rente dans les années mauvaises, étaient très peu développées sans aucun doute. D'un autre côté les invasions continuelles, les guerres privées, l'inconstance des climats, les fréquentes oscillations du prix des denrées, le manque de débouchés et la nécessité de vendre à tout prix les récoltes au moment de l'échéance de la rente, entraînaient rapidement la ruine des fermiers et rendaient illusoire la créance du bailleur. En vain les propriétaires consentirent-ils de bonne heure à faire des remises successives, à ne pas exiger de paiement de rente, quand un cas de force majeure avait entièrement détruit les récoltes ; la misère n'en arrivait pas moins inévitable à la suite de plusieurs années mauvaises. Désespérant alors de pouvoir jamais s'acquitter de tant d'arriérés accumulés, ne travaillant plus que pour le compte exclusif du propriétaire, les fermiers cultivaient sans intérêt, sans goût, quand ils n'abandonnaient point la culture. Cet état de choses que nous décrit Pline, qui s'est produit de nos jours, a été de tous les temps et de tous les pays, parce qu'il est essentiellement lié à la nature du bail à ferme (1).

L'intérêt du propriétaire, comme celui du fermier, ne devaient pas tarder à leur faire découvrir le moyen de remédier à ce qu'il y avait de mauvais dans le bail à ferme. Ils n'avaient pas d'ailleurs à choisir entre de nombreux expédients ; puisque le mal provenait de ce que le prix déterminé à forfait se trouvait fréquemment sans rapport avec le revenu de la terre, il n'y avait qu'à lui substituer un prix proportionnel au rendement annuel ; et le paiement de la redevance restait toujours possible et le cultivateur toujours intéressé à bien cultiver. Ainsi apparut le bail à colonage aux moments de crises avec ses avantages incontestables. Se pliant à toutes les circonstances, il n'obligeait plus le preneur, dans les années mauvaises, à payer une rente disproportionnée avec le revenu de l'exploitation, ni à vendre à perte ses récoltes pour faire face à ses engagements. Le propriétaire, toujours sûr de toucher une certaine rente, n'avait rien à craindre de l'imprévoyance du colon ou de l'absence d'un capital d'exploitation ; il pouvait se montrer plus facile dans le choix de ses tenanciers, quitte à les surveiller plus rigoureusement et au besoin à les diriger de ses conseils.

(1) Il est inutile de faire remarquer que *le fermage en nature* (moyennant une quantité fixe de produits), ne faisait disparaître aucun des inconvénients du fermage en argent ; à la suite des années mauvaises, les redevances qui ne pouvaient pas être payées s'arrérogeaient de la même manière faisant tomber les fermiers dans la même misère et le même désespoir.

Si le bail à ferme et le bail à colonage paraissent coexister à toutes les époques, rien n'est plus naturel : le remède a suivi de près l'apparition du mal ; mais ce n'est point le remède qui a précédé le mal.

Telle fut, croyons-nous, l'origine du colonage partiaire, de ce louage à prix proportionnel qui rendit communs aux deux parties le gain et la perte des récoltes, comme si elles avaient été des associés.

Il naquit d'une modification du bail à ferme, sous le coup d'un besoin économique secondaire, qui en explique à la fois l'origine et la nature.

CHAPITRE PREMIER

Jusqu'en 1889, le colonage partiaire, malgré la place importante qu'il tenait dans l'exploitation rurale, n'était mentionné dans les lois que par quelques rares textes. Le peu de considération dont il a joui jusqu'à notre époque, la médiocrité des personnes qu'il mettait en jeu, la multiplicité des usages qui le compliquaient avaient détourné de lui l'attention du législateur.

Le Code civil s'était montré presque aussi sobre que la législation romaine. Malgré les avertissements du tribunal d'appel de Lyon, sans le définir, sans en déterminer *explicitement* la nature, il s'était borné à le mentionner dans quelques articles épars. Les articles 522, 524, 585, 1801, 1827 à 1830 et 2062 n'en parlent qu'incidemment ; les seuls articles qui s'en occupent spécialement sont les articles 1763 et 1771.

La controverse, qui avait divisé les commentateurs du droit romain, devait continuer après la promulgation du Code civil, élargie par une tendance accentuée vers les idées d'association, sous l'influence de considérations politiques et économiques.

En législation, tous les systèmes ont pu être admis :

dans le Code autrichien, c'est une société ; dans le Code italien, c'est un louage ; au Brésil, c'est un louage d'ouvrage ; le Code rural, dans son titre IV, en fait un contrat spécial.

Ces considérations ne sont pas les seules qui aient éloigné quelquefois la jurisprudence d'une stricte interprétation de la pensée du législateur de 1804 : en pratique, le principe de la liberté des conventions permet aux parties de régler, comme elles l'entendent, dans leurs moindres détails, les effets d'un contrat, et il est évident que toute question de droit peut se doubler d'une question de fait (1).

(1) La Cour de Limoges, dans sa fidélité à la jurisprudence qu'elle avait inaugurée, ne s'est pas fait faute de recourir à ce moyen de salut pour échapper, en ces derniers temps, à la cassation de la Cour suprême. Elle débute solennellement par sa déclaration de droit « que le bail à colonage est une véritable association et que c'est dans les règles du contrat de société qu'il faut en chercher les principes » ; mais elle s'empresse de trouver un point d'appui plus solide en motivant en fait sa décision sur le point en litige. Et la Cour de cassation confirme « attendu qu'en présence de ces déclarations et de cette interprétation de faits et d'intention faite par l'arrêt attaqué, et non contestée par le preneur, il n'échet de rechercher qu'elle est en droit la nature du contrat de bail à colonage partiaire et de décider si la Cour d'appel lui a indûment ou non reconnu le caractère d'une société et non celui d'un bail à ferme ». Voir en ce sens notamment l'arrêt du 18 mai 1887 confirmant le jugement du tribunal civil d'Aubusson du 29 décembre 1886 (Cass., 1889. S. 1. 453).

Cette jurisprudence de la Cour de Limoges est d'autant plus singulière que nulle part peut-être moins que dans son ressort le bail à colonage partiaire ne présente en fait le caractère d'une association.

La Haute-Vienne, en général, a l'aspect d'un pays de grande propriété, mais où la propriété, avec ses vastes enclos, ses chemins d'exploitation larges comme des avenues, ses hameaux en-

Quoique cette controverse, croyons-nous, ait perdu la plus grande partie de son importance depuis la loi du 18 juillet, nous allons en retracer sommairement les traits essentiels.

tièrement composés de métayers ou de fermiers, a gardé cette physionomie principalement décorative d'une autre époque. Il n'est pas rare d'y voir de nombreux domaines contigus aux mains d'un même propriétaire; et ce dernier, *le maître*, comme on l'appelle partout avec déférence, y joue le rôle d'un petit seigneur terrien, très bienfaisant sans doute, mais qui trouverait peut-être moins juste la définition de la Cour, que la fameuse distinction qu'un de ses ancêtres, en 1789, réédita des Édits Généraux de 1614.

Dans la Creuse l'aspect est tout différent : Le pays est pauvre ; la propriété y est morcelée ; les grands domaines sont rares et très clair-semés ; la culture intelligente n'y fait que naître et un grand nombre de petits cultivateurs, qui font valoir eux-mêmes, n'ont point de charrue et font encore usage du primitif arraire en bois.

Les métayers n'ont que de rares rapports avec leurs maîtres pour quelques achats de chaux (achats faits exclusivement par le propriétaire d'ailleurs), pour la vente des animaux et le partage des récoltes. En ce qui concerne la culture proprement dite du sol, ils cultivent avec la même indépendance que des fermiers. Dans la dernière crise agricole, des propriétaires ont eu à transformer leurs fermiers en métayers et la transformation s'est faite par un simple changement de nom.

Si l'industrie agricole est encore très arriérée dans la Creuse, par contre les idées égalitaires sont fort développées au milieu d'une population émigrante, adonnée surtout à l'industrie de la construction dans les grands centres ; le colon dissimule mal une sourde inimitié pour le maître qui vit sans rien faire, et si l'on a pu dire avec raison qu'on surprendrait bien les colons en leur apprenant qu'ils sont les associés de leurs maîtres, dans la Creuse, ils y verraient peut-être de plus une mauvaise plaisanterie.

1er SYSTÈME.

Le bail à colonat partiaire est un contrat de société.
— Le Code civil n'a pas voulu innover sur ce point ;
il a suivi la doctrine presque universellement admise
par les commentateurs du droit romain, qui, conformément au texte de Gaius, y voyaient un contrat de
société.

Les travaux préparatoires sont explicites en ce
sens. Dans leurs rapports, le conseiller d'État Galli
et le tribun Mouricaut déclarent en paraphrasant le
texte de Gaius que le colon partiaire est une sorte
d'associé.

La définition du colonage partiaire se confond avec
celle du contrat de société dont elle renferme tous les
éléments : c'est la convention par laquelle deux personnes conviennent de mettre en commun, l'une la
jouissance d'un fonds, l'autre son travail et son industrie, dans le but de partager les bénéfices obtenus.

Entre colon et propriétaire il y a une union permanente d'intérêt, de but et d'action.

Si cette association ne comporte pas, pour le propriétaire, une participation aux pertes, au sens strict
du mot, mais une simple privation de bénéfices, si
l'associé administrateur ne peut pas, dans la limite
de son pouvoir d'administration obliger son co-associé vis-à-vis des tiers, c'est que cette association n'est
pas une association ordinaire, mais une sorte de société en participation.

Le propriétaire n'abandonne pas comme dans le

louage la jouissance entière de son héritage ; il la partage en retenant un droit de surveillance et de direction très étendu.

Il n'y a pas de prix dans le colonage partiaire, pas de prestation passant du patrimoine du colon dans celui du propriétaire, mais un partage à titre de copropriétaires des fruits, un partage, comme l'exprime fort bien Troplong, où le propriétaire prélève sa part comme un accessoire de sa chose.

Les règles de la société peuvent seules expliquer les articles 1769 et 1771.

Enfin on ne saurait tirer argument d'une classification qui place sous le même titre le bail à ferme et le bail à cheptel (1) qui est une société (2).

2e SYSTÈME.

C'est un contrat innommé. — Ce système se décompose en plusieurs autres :

C'est un contrat mixte tenant à la fois du louage et de la société. On appliquera tantôt les règles du

----

(1) Le cheptel à moitié est une société, mais l'article 1818 le dit formellement.

(2) Les auteurs, qui, sans écarter toute idée de louage, font prédominer l'idée de société, arrivent aux mêmes solutions d'espèces et se basent sur les mêmes motifs.

Ce système a été soutenu par divers jurisconsultes :

Troplong, *Louage*, t. II, no 642 ; Delvincourt, t. III, p. 433 ; Duranton, XVII, nos 176, 177 ; Meplain, *Traité du bail à portion de fruits*, p. 27 et s. — Les arrêts suivants sont en ce sens : Limoges, 21 février 1839. S. 1839. 2. 406 ; Limoges, 6 juillet 1840. S. 1841. 2. 167 ; Limoges, 18 mars 1841. S. 1842. 2. 522 ; Agen, 7 février 1850. S. 1850. 2. 208 ; Bordeaux, 28 juin 1854. D. 1854. 2. 272 ; Grenoble, 20 mars 1863. D. 1863. 5. 237.

louage, tantôt celles du contrat de société, selon que le point contesté présentera de l'analogie avec le premier ou le second contrat (1).

C'est un contrat tripartit tenant du louage d'ouvrage, du bail à ferme et de la société : « le proprié-
» taire donne un domaine à faire valoir ; donc il y a
» fermage. Le colon ne doit pas jouir comme dans
» les baux à ferme ordinaire, mais cultiver sous l'œil,
» sous le contrôle et jusqu'à un certain point sous la
» direction du maître ; donc il y a louage d'ouvrage
» et d'industrie. Les fruits doivent se partager ; donc
» il y a société » (2).

Le colonage partiaire est un *contrat spécial*, un louage qui finit en association, mais qui n'est pas plus un louage qu'une association ; de ce qu'il ressemble tantôt à l'un, tantôt à l'autre de ces contrats, ce n'est pas une raison de conclure que c'est un mélange de tous les deux. Il est plus juridique de soutenir que ce colonage n'étant ni un bail à ferme, ni une association est un contrat spécial, innommé, se gouvernant d'après ses principes propres et ceux du droit commun (3).

3° SYSTÈME.

C'est un louage. — Ce système est le plus rationnel au double point de vue de la nature théorique du contrat de colonage et de l'interprétation de la loi.

(1) Marcadé sur l'art. 1763, VI, p. 494.
(2) Latreille, *Du contrat de colonage, Revue critique*, 1864, t. XXIV, p. 400 et suiv.
(3) L. Rerolle, *op. cit.*, p. 293.

Le Code civil n'a pas voulu donner au bail à colonat partiaire des règles différentes de celles du bail à ferme ; il s'est borné à prévoir spécialement les dérogations que sa nature propre devait y apporter. L'analyse de sa prétendue complexité peut bien indiquer les motifs qui, selon les cas, portent les parties à faire un bail à colonage. Elle peut être utile au point de vue de la législation et, en fait, le législateur de 1889 s'en est largement inspiré ; mais elle ne saurait valoir comme commentaire de la loi. Il ne s'agit pas en effet de savoir ce que pourrait être le colonage partiaire ; — les opinions sur ce point peuvent varier — mais de rechercher uniquement quel caractère les rédacteurs du Code civil ont entendu lui assigner.

I. Nous avons vu, en traitant de la nature du colonage en droit romain ce qu'il faut penser du texte de Gaius et de l'interprétation des commentateurs. On évite de citer l'opinion de Pasquier (1) et surtout celle de Pothier dont les ouvrages semblent cependant résumer le dernier état de la doctrine dans l'ancien droit et que le législateur suit pas à pas dans toute la matière des contrats.

II. Les rédacteurs du Code civil ne pouvaient pas ignorer la controverse ; ils l'ont tranchée en ne tenant point compte des observations du tribunal d'appel de Lyon et de celui d'Aix, qui voyant dans le colonage une association, proposaient d'en formuler les règles dans quinze articles spéciaux qui seraient venus à la

____

(1) E. Pasquier, *Recherches de la France*, liv. VIII, ch. 46.

suite du contrat de société (1) ; ils ont suivi la voie contraire déjà tracée par la loi fiscale du 22 frimaire an VII.

Quant aux paroles de Galli et de Mouricaut, elles signalent, comme le texte de Gaius, une analogie sur un point de détail avec la société. Ils ne disent pas d'une façon absolue et générale que le colon est un associé, le colonage une société. D'ailleurs quand une telle opinion serait bien la leur, rien ne prouverait qu'elle est passée dans la loi. Les travaux préparatoires sont d'un précieux secours pour comprendre les dispositions de la loi, mais ils ne sauraient en tenir lieu ni à plus forte raison les détruire.

III. Or le Code civil appelle bail le contrat de colonage ; il appelle le propriétaire bailleur, le colon preneur ; ce sont bien là des expressions juridiques qui ne peuvent être synonymes d'association et d'associés.

Non seulement le législateur traite du bail à colonage au titre du louage, mais comme pour montrer qu'il ne le fait pas par inadvertance, c'est par lui qu'il commence dans la section consacrée aux règles particulières des baux à ferme.

L'article 1763 interdit au colon partiaire la faculté de sous-louer ou de céder son bail ; l'article 1771, de son côté, dit que le propriétaire doit supporter sa part de la perte des fruits, quand ils sont séparés de terre, pourvu que le preneur ne soit en demeure. Si le colonage était régi par les principes du contrat de société, ces deux solutions en découleraient néces-

(1) Fenet, t. IV, p. 419.

sairement et ce serait un non-sens que de les donner comme une exception aux règles du louage. Mais il faut bien admettre que c'est parce que le colonage est soumis aux règles ordinaires du bail à ferme qu'il devient nécessaire de mentionner l'exception et de la mentionner à côté de la règle ; sans quoi, comme le fait remarquer Laurent, il ne suffirait pas d'effacer les noms de bail, de bailleur et de preneur, il faudrait encore à cause de leur esprit même, faire disparaître entièrement les deux dispositions où ces termes sont employés.

IV. L'article 1709 n'exige pas que le prix dans le louage soit d'une certaine somme d'argent, et il n'y a aucun doute que la convention de cultiver moyennant une redevance fixe en produits, comme, par exemple, cent mesures de blé, ne soit un véritable louage. La redevance proportionnelle de la moitié, du tiers, du quart, pour être variable dans sa quantité, n'en constitue pas moins un prix déterminé.

V. Si le bail à colonage était une société, il prendrait fin avec la mort du propriétaire.

Le privilège de l'article 2102 ne saurait s'y appliquer ; les privilèges sont essentiellement de droit étroit ; pour en invoquer il faut un texte formel et ce texte n'existe pas en matière de société.

Il est de l'essence du contrat de société que chaque associé supporte sa part dans la perte ; l'absence d'un bénéfice ne constitue pas une perte, une privation de chose que l'on a eue, une diminution de patrimoine.

Il n'y a même pas un véritable partage de bénéfices

entre propriétaire et colon : ce qui se partage, c'est le produit brut, sans décompte des frais de production, qui restent exclusivement à la charge du colon ; ce dernier peut être en perte et le propriétaire toucher un certain bénéfice.

Le colon est seul tenu vis-à-vis des tiers des engagements qu'il contracte dans l'intérêt de l'exploitation ; il n'a même pas de recours contre le propriétaire à moins d'une convention particulière.

VI. Comme nous l'avons fait remarquer en droit romain, la nature complexe du colonage ne provient pas de ce qu'il emprunte ses règles à plusieurs contrats ; *toutes les différences qui le séparent du bail à ferme découlent de la nature de sa redevance, qui est une redevance proportionnelle.*

C'est parce que cette redevance peut varier considérablement avec les soins donnés à la culture, avec l'intelligence du colon, que sa personne a été prise en considération, qu'il y a eu *electa industria*, que l'article 1763 lui interdit de sous-louer. L'obligation du colon n'est ni une simple obligation de donner, ni une simple obligation de faire ; elle tient de l'une et de l'autre, puisque ce qu'il doit fournir c'est une certaine portion des produits d'un héritage à cultiver. Il est très naturel sans doute de comparer cette règle à celles du contrat de société, l'analogie est évidente, mais il n'est nullement nécessaire d'en expliquer la raison d'être par les principes de ce contrat.

L'intérêt qu'a le propriétaire à ce que les récoltes soient abondantes, à ce qu'il ne soit point trompé

sur la redevance prévue, explique largement son droit
de surveillance et de direction dans une certaine mesure. N'y a-t-il donc que les associés qui puissent
avoir un intérêt commun et le droit de le sauvegarder ? Si le colonage, à ce point de vue, présente des
analogies avec un autre contrat, c'est avec le louage
d'ouvrage et non avec la société.

VII. Il y aurait beaucoup à dire d'ailleurs sur cet
intérêt commun, « cette union permanente d'intérêt.
de but et d'action », comme dit Méplain. En quoi
peut-on voir entre propriétaire et colon, une union
permanente de but et d'action ? et quant à l'union
d'intérêt, il s'en faut de beaucoup qu'elle soit complète. Sans parler de ces clauses multiples, qui dans
les baux viennent restreindre l'action du colon et at-
tester le contraire, pour ne parler que de la culture,
de l'exploitation proprement dite, l'intérêt du propriétaire est si distinct de celui du colon que l'on
pourrait se demander si, dans les conditions où intervient le colonage, l'association, même voulue par
les parties, serait dans tous les cas pratique. L'intérêt
du propriétaire ne consiste pas seulement à obtenir
des récoltes abondantes : cet intérêt, il le partage avec
le colon. Son intérêt principal est dans l'amélioration
du domaine ; il est dans la plus-value stable qui forme
capital et qu'il ne partage pas. En vain peut-on répondre que le colon y est intéressé, que les produits
augmentent dans la même proportion ; c'est une
erreur de croire que les produits augmentent proportionnellement à la plus-value ; les premières années

qui suivent une transformation du sol sont des années mauvaises. Et cela serait-il qu'il n'en resterait pas moins vrai qu'il y aurait toujours une plus-value donnée au capital par la coopération du colon, plus-value qu'il ne partagerait pas, et dont il ne serait même pas sûr de retirer des avantages, à cause du caractère temporaire de son droit de jouissance. La Commission du Sénat, dans son enthousiasme pour l'association, si l'on en croit du moins son second rapporteur (1), a manqué de logique ou de courage en ne parant pas à une iniquité possible, le non-partage d'une partie de l'actif social, en tolérant, par exemple, qu'un propriétaire, qui a fait apport de la jouissance d'un domaine de 100.000 francs, puisse se retirer à la dissolution en prélevant une jouissance doublée.

Cette objection, il faut le reconnaître, n'a qu'une valeur théorique ; mais elle montre du moins que même pour le législateur il est plus facile d'appeler société un contrat qui n'en est pas et de jeter dans une assemblée des phrases retentissantes sur l'association rêvée entre le capital et le travail que de la faire résulter d'une déclaration contraire à la nature des choses.

Dans la pratique, c'est le contraire qui se passe généralement. Le colon se refuse à prendre une part personnelle à des améliorations qui l'obligeraient à subir des avances ou qui ne donneraient point un ré-

____

(1) Rapport de M. Peaudecerf.

sultat immédiat (1) ; il n'a point de capitaux pour
attendre le rendement de la plus-value créée ou rembourser les sommes que ce propriétaire aurait avan-
cées ; il se demande avec anxiété s'il restera assez
longtemps sur le domaine pour retrouver dans l'augmentation future des produits la rémunération de sa
coopération ; la confiance n'existe pas ; il n'est pas
associé et il ne veut pas le devenir.

Ces améliorations, c'est le propriétaire qui les fait
à ses propres dépens et le métayer en bénéficie dans
la mesure de la moitié des résultats ; c'est l'hypothèse inverse de celle que nous avons examinée en
premier lieu. Elle s'exprime par cette formule heureuse : « le métayage, par l'association du capital et
du travail, enrichit le propriétaire et le métayer ». La
formule est-elle bien exacte? Ici encore l'intérêt du
colon et celui du propriétaire ne sont-ils point nettement distincts? Un domaine, par exemple, exploité
par un colon qui lui donne tous ses soins, rapporte
cent. Une voie ferrée, un canal, s'ouvre à proximité,
qui, par la mise sous main d'engrais à bon marché,
par la facilité d'écoulement des produits, permettent
la transformation complète du domaine ; le propriétaire y emploie ses capitaux disponibles et le domaine
rapporte deux cents. Que la transformation se soit
produite lentement ou en quelques années, comme

____

(1) Dans la partie de la Creuse que nous habitons, le colon ne
participe même pas aux achats d'engrais, pas même pour la
chaux qui est réputée cependant couvrir la première année la dépense d'acquisition ; il se borne à faire la conduite.

nous l'indiquons, le phénomène est le même : le bénéfice du colon double, comme celui du propriétaire. Quelle est la cause de cet enrichissement ? Est-ce l'association, c'est-à-dire l'action commune des associés? Le colon est-il arrivé à travailler deux fois plus, à doubler son industrie ? Il devrait en être ainsi pourtant, puisque de quelque façon qu'on l'envisage, le colonage reste un contrat commutatif.

Non, la cause de l'enrichissement du colon est tout autre : elle est dans un acte gratuit du propriétaire, dans un acte gratuit, indirect certainement, inconscient quelquefois peut-être, mais qui n'en reste pas moins tel parce que c'est un fait. Que ce fait soit celui d'un associé qui, durant la société, double son apport, ou celui d'un bailleur qui, durant le bail, double la productivité du fonds, le résultat est identique : on ne saurait en tirer argument en faveur de l'idée de société.

Cet enrichissement à peu près gratuit (1) du colon n'empêche pas celui du propriétaire ; mais il le diminue de toute la part dont le colon bénéficie sans avoir contribué à le produire ; de telle sorte qu'on pourrait être tenté de dire que le colon participe d'autant plus aux résultats que c'est moins un associé.

Cette conclusion pourrait rencontrer de nombreuses objections sur le terrain économique ; mais

______

(1) Il ne faudrait pas croire que l'augmentation du rendement entraîne pour le colon une augmentation de travail ; c'est souvent le fait contraire qui se produit comme, par exemple, lorsqu'on transforme de mauvaises terres arables en prairies artificielles.

comme la question se pose ici à un point de vue purement juridique, il nous suffira d'y répondre par l'exposé d'une observation.

Dans la partie de la Creuse qui est traversée par la nouvelle ligne du Mont-Dore, l'agriculture est en pleine voie de transformation ; et l'on voit déjà croître des champs de froment et des prairies artificielles sur des *coteaux* qui, il y a quelques années à peine, ne portaient que de mauvais seigles et des bruyères. Le rendement peut y doubler et y tripler rapidement.

D'un autre côté la main-d'œuvre y est fort chère ; plus des deux tiers des hommes, qui composent la population rurale, s'en vont comme maçons exercer dans les villes une industrie plus lucrative. Les domestiques, qu'on nous passe l'expression, y sont un véritable article d'importation ; et de fait, il se tient dans certaines villes limitrophes du Puy-de-Dôme des foires annuelles, qui portent le nom de foires de domestiques.

Le métayage y étant assez répandu, il semble que la transformation du sol, dans de telles conditions, devrait s'y faire surtout par l'intermédiaire du métayage. Il n'en est rien pourtant ; les transformations s'opèrent principalement par le faire valoir, et un certain nombre de propriétaires, — c'est le fait qu'il importe de signaler, — ont congédié leurs métayers, trouvant plus avantageux de faire valoir, à grands frais, par de nombreux domestiques. Ce retour de l'amodiation au faire valoir n'est pas un fait général, sans doute ; et nous sommes loin surtout de l'approuver. Mais de ce que certains propriétaires, plus âpres au gain, se laissent plus strictement guider par le mobile économique de l'intérêt individuel, on n'est pas moins en droit de conclure que leur conduite est la meilleure preuve de la non-union d'intérêt entre propriétaire et colon.

Il ne faudrait pas exagérer notre pensée et supposer que nous voulons affirmer d'une façon absolue que l'association n'est point possible entre propriétaire et colon.

Nous reconnaissons pleinement au contraire que le meilleur procédé de culture, comme le plus juste, serait incontestablement dans l'association d'un propriétaire agriculteur et d'un colon bien connu de lui, association basée sur une confiance réciproque et sur une participation aux bénéfices proportionnelle à la participation dans la production.

Ce que nous avons voulu établir, c'est qu'une association pour la culture ne se forme pas entre le premier propriétaire et le premier colon venus ; qu'elle ne peut se contracter qu'intentionnellement et en connaissance de cause ; que, dans la réalité des choses, elle n'existe pas entre propriétaire et colon et que, dans la plupart des cas où intervient le colonage, aucune des parties n'en voudrait.

VIII. C'est également la nature spéciale de la redevance dans le colonage qui explique la distinction de l'article 1771. Si le propriétaire supporte sa part de la perte des fruits, c'est que le prix n'est pas déterminé à forfait comme dans le bail à ferme, mais qu'il reste constamment proportionnel au produit ; et s'il en est ainsi même après que les fruits sont séparés du sol, est-il nécessaire de recourir aux règles de la société pour l'expliquer ? Le colon ne doit pas une redevance *in genere* : elle consiste dans la moitié des fruits mêmes venus sur le domaine ; et comment pourrait-il les donner s'ils n'existent plus ? La perte du corps certain, arrivée sans la faute du débiteur et sans qu'il fût en demeure, ne le libère-t-elle point ? C'est l'application de l'article 1302, dont les termes mêmes sont reproduits, et de cette vieille maxime qu'*à l'impossible nul n'est tenu.*

IX. Il n'est pas donné sans doute à tout le monde d'avoir la vision abstraite des choses du droit comme Troplong. Il est loin de notre pensée aussi de présumer que tant de Cours et de Tribunaux aient cité toujours, sans la comprendre bien nettement, la phrase de Troplong — comme si dans les causes douteuses les meilleurs arguments étaient précisément ceux qui sont le plus incompréhensibles. Mais enfin que peut bien vouloir dire la fameuse phrase de Troplong : « Le propriétaire prélève sa part de fruits, » non à titre de loyer, mais comme accessoire de la » terre qui lui appartient » ?

Le passage entier est ainsi conçu (1) : « Il n'est pas » exact de dire que le défaut de prix en argent soit » la seule cause pour laquelle le colonage partiaire » n'est pas un vrai bail à ferme. J'ai démontré ci-

(1) Troplong, *Echange et louage*, II, n° 639.

» dessus l'erreur de ceux qui, par mauvaise intelli-
» gence des lois romaines, ont soutenu que le prix de
» la location devait toujours être une somme d'ar-
» gent. Mais la véritable raison qui doit faire écarter
» la dénomination de bail à ferme, c'est qu'il n'y a ici
» aucun prix dans le sens exact du mot ; car il faut
» que le prix soit dû par le fermier et ici le colon ne
» le doit pas ; c'est la terre qui le paie ou plutôt c'est
» le propriétaire qui le prend sur sa propre chose,
» non à titre de loyer, mais à titre d'accessoire de la
» terre qui lui appartient, à titre de partie de la terre
» elle-même, *partibus rei* comme dit si bien Cujas ».
Oui, mais Cujas ne dit rien du tout, ou plutôt il dit
tout autre chose ; il dit que la *merces* doit consister en
argent et non en fruits : « *Nam locatio fit mercede,
non partibus rei* ». « *Res* » peut bien vouloir dire
« fruits », choses en général par opposition à monnaie, ou jouissance puisque c'est la « *res* » dans notre
contrat ; mais ce mot ne peut être synonyme de *fundus*, de *terra*. Du reste, on ne conçoit pas très bien
que la jouissance d'une terre en soit considérée comme
l'accessoire ; cette idée, à coup sûr, n'ajouterait rien
à la gloire de l'éminent jurisconsulte. A-t-il voulu
simplement dire que ce sont les fruits qui sont l'accessoire de la terre? au moment du partage, c'est
encore fort contestable ; et puis, si le propriétaire
prend sa part de fruits comme accessoire de sa chose,
le colon, lui, à quel titre prend-il l'autre part ? Comment comprendre que des associés partagent à des
titres différents ?

L'idée de Troplong serait peut-être dans la phrase précédente : « Le colon ne doit pas le prix, c'est la terre qui le paie » ; il personnifie la terre ; c'est elle qui est débitrice ; c'est l'être de raison qui apparaît distinct du colon et du propriétaire. Troplong s'aperçoit qu'il va trop loin ; il s'aperçoit peut-être aussi qu'il fait un cercle vicieux en disant que le colon ne doit pas le prix parce que c'est la personne morale qui le doit et il s'échappe avec une explication, qui doit être démonstrative, mais qui, pour nous du moins, est absolument insaisissable.

X. Nous avons dit en droit romain qu'il n'y avait pas, à proprement parler, de partage juridique entre propriétaire et colon, que la *merces* consistant dans la dation d'un corps certain, d'une quote part de la récolte même, le partage n'était qu'un acte matériel, un procédé tout indiqué de détermination de la *merces*. Cette manière d'envisager le partage nous paraît d'autant plus juste que de nos jours, dans certaines métairies, on peut constater encore qu'il n'existe point (1).

Mais sous l'empire de notre législation civile, le partage se présente sous un aspect tout différent, sous un véritable aspect de partage juridique, de partage faisant cesser l'indivision entre copropriétaires.

C'est sur ce point délicat que repose toute la question de la nature du contrat de colonage ; c'est le véritable point de départ de toutes les controverses. Il y a partage, disent les uns, parce qu'il y a indivision

(1) V. Thèse de droit romain (note), p. 48.

dans la jouissance, parce qu'il y a société et des bénéfices à partager ; il n'y a pas de prix, dit Troplong,
parce qu'il n'y a personne pour le devoir ; c'est surtout un louage, disent les autres, mais un louage qui
finit en société par son résultat définitif ; le législateur
de 1889, par l'organe de ses rapporteurs, y ajoute son
écho, « nous n'avons pas voulu trancher une question
» de doctrine qui, par sa nature même, est insoluble ».

Qu'il nous soit permis cependant, en cherchant
cette solution, de montrer que les rédacteurs du Code
civil, s'ils n'ont point fait œuvre parfaite, n'ont point
commis du moins d'omission regrettable, ni créé un
contrat informe puisant ses règles à l'aventure, au
hasard des analogies.

Le colon partiaire et le bailleur sont copropriétaires
des fruits, parce que le premier doit livrer au second
une certaine portion de ces fruits ; en d'autres termes,
pour imiter le langage de Troplong, c'est parce que
le colon doit le prix que le bailleur partage comme
copropriétaire. La cause de cette copropriété, en effet,
est dans l'article 1138 qui déclare que l'obligation
de livrer, quand elle a pour objet un corps certain,
rend, dès qu'elle est parfaite, le créancier propriétaire, encore que la tradition n'en ait point été faite.
Le Code civil s'est écarté des principes du droit romain ; il a admis cette règle nouvelle que la simple
convention, en dehors de toute tradition, transfère
directement la propriété ; nous en rencontrons ici une
application particulière.

Le colon partiaire acquiert les fruits par la perception et en devient propriétaire au moment de la récolte ; mais dès ce moment l'obligation de livrer au bailleur la part de fruits qui lui est due devient parfaite et dès ce moment également, en vertu de l'article 1138, le bailleur créancier acquiert la propriété de cette portion de fruits, et, comme la récolte est indivise, bailleur et colon sont copropriétaires de l'ensemble. Ce n'est donc pas parce qu'il y a indivision dans la jouissance du fonds, parce qu'il y a société, parce que les fruits sont l'accessoire de sa terre, que le bailleur prélève comme propriétaire sa part de fruits ; s'il partage comme copropriétaire avec le colon partiaire, c'est à titre de créancier de corps certain (1).

Ainsi apparaît, dans sa concision, admirable d'unité et d'ensemble, l'œuvre des rédacteurs du Code civil. Ainsi s'évanouit cette menace terrible, qui a dû impressionner le législateur en 1889, « que si une loi intervenait, qui déclarât que le colonage partiaire est un louage, elle commettrait une véritable hérésie juridique, parce qu'on ne conçoit pas un louage sans prix » (2) !

(1) Voir, au surplus, *partage des fruits*, page 185 et suiv.
(2) Parmi les auteurs qui enseignent que le colonage partiaire est un louage, on peut citer :
Aubry et Rau, t. IV, p. 511 ; Duvergier, *Louage*, p. 67 et suiv ; Colmet de Santerre, t. VII, n°s 213, 213 bis ; Baudry-Lacantinerie, t. III, n° 717 ; Guillouard, *Louage*, II, p. 150 et suiv. ; Laurent, t. XXV, n° 477.
Parmi les arrêts et jugements en ce sens :
Nîmes, 14 août 1850, D. P. 1851, 2, 144 ; Paris, 21 juin 1856. D. P. 1857, 2, 26 ; Angers, 13 mai 1868, D. P. 1871, 2, 176 ; Alger,

LOI DU 18 JUILLET 1889 [1]

Il faut bien reconnaître en effet que le législateur
de 1889 n'a pas cru se laisser guider seulement par
les principes que nous venons d'exposer ; il a pensé
faire une certaine part à l'idée d'association. Il serait
très difficile, il est vrai, d'en trouver trace dans la
rédaction même du texte de la loi ; mais cette idée
revient à chaque instant dans l'interprétation qu'il
donne du texte par les travaux préparatoires. Si quelque chose d'ailleurs peut consoler bien vite de cette
apparence de concession et donner en même temps
toute la portée de l'innovation, c'est de constater
que le législateur a suivi pas à pas l'économie générale d'un projet qui était déposé pour « trancher

25 juin 1878, D. P. 1879, 2, 209 ; Pau, 27 avril 1880 et 5 avril
1884 ; Tribunal de Chambéry, 23 avril 1884 ; Riom, 19 novembre
1884, D. P. 1886, 2, 1.

(1) *Travaux préparatoires.* — *Sénat.* Exposé des motifs, *J. Off.*
des 31 octobre, 1er et 3 novembre 1876. Rapport de M. Léon Clément : Texte, *J. Off.* du 2 juin 1880, p. 5957. Première délibération, 31 mai 1880, *J. Off.* du 1er juin, p. 5914. Deuxième délibération, 14, 15 et 17 juin 1880, *J. Off.* des 15, 16 et 18 juin, p. 6486,
6542 et 6621. — *Chambre des députés.* Rapport de M. Million :
Texte, annexes 1888, p. 756. Première délibération, 11 février
1889. Deuxième délibération, 7 mars 1889, *J. Off.* des 12 février
et 8 mars. — *Retour au Sénat.* Rapport de M. Peaudecerf : Texte,
annexes 1889, p. 356. Déclaration d'urgence, discussion et adoption le 5 juillet 1889, *J. Off.* du 6 juillet, p. 882.

formellement la question de la nature du colonage, et qui le faisait en prenant pour base de sa décision l'intention des parties, qui entendent faire un contrat de louage et non un contrat de société » !

Le législateur a expliqué par l'adoption des règles de la société toutes les dérogations qu'il apportait au bail à ferme, sans se rendre compte que ces dérogations demandées par la nature spéciale (1) du bail à colonage ne lui étaient communes avec le contrat de société que parce qu'elles étaient la reproduction du droit commun. On chercherait vainement dans la nouvelle loi l'application d'un principe spécial au contrat de société ou un seul renvoi à ses dispositions ; après comme avant il n'y a qu'un point de contact entre les deux contrats, c'est le partage qui intervient entre propriétaire et colon et nous en avons donné, il nous semble, l'explication rationnelle.

Définition du contrat de métayage. — L'article 1er donne la définition du contrat de métayage : « le bail
» à colonat partiaire ou métayage est le contrat par
» lequel le possesseur d'un héritage rural le remet
» pour un certain temps à un preneur qui s'engage à

---

(1) M. Million semble trouver extraordinaire dans son rapport que « ceux-là même qui soutiennent que le colonage partiaire est un louage, reconnaissent que c'est un bail d'une nature spéciale auquel toutes les règles du bail à ferme ne s'appliquent point. » Il est bien évident qu'un louage à prix fixe n'est pas un louage à prix proportionnel, mais que pour être parfaitement distincts théoriquement, et même juridiquement comme vient de l'édicter la dernière loi, ils n'en restent pas moins deux louages, tous les deux, et rien que cela.

» le cultiver sous la condition d'en partager les pro-
» duits avec le bailleur ».

Cette définition a cela de particulier qu'elle a été adoptée avec l'intention de ne rien définir. Telle qu'elle était rédigée (1), dans le projet du gouvernement, elle avait sa raison d'être ; dans la nouvelle loi son utilité paraît fort contestable.

C'est pour se conformer à la terminologie adoptée, que les mots de *bailleur* et de *preneur* s'y trouvent employés ; si l'on avait maintenu dans la rédaction, dit Million, le mot de *propriétaire* au lieu de celui de *bailleur*, on aurait pu mettre en doute la légalité d'un grand nombre de contrats où le bailleur n'est pas propriétaire, où il est usufruitier ou fermier général.

L'article 1er, dit-il encore, contient la définition du contrat de métayage ; nous en avons fait disparaître l'affirmation formelle que le contrat de colonat est un louage.

Un amendement de M. de Gavardie tendant à faire qualifier d'association le contrat de métayage fut également repoussé.

La loi nouvelle n'a pas voulu trancher la question de la nature théorique du bail à colonage ni dans le sens d'un louage, ni dans le sens d'une association, ni dans le sens d'un contrat mixte tenant du louage et de la société, malgré ses préférences marquées pour ce dernier système (2).

(1) Le projet du gouvernement définissait le colonat partiaire « le louage d'un héritage rural que le preneur s'engage à cultiver sous la condition d'en partager les fruits avec le propriétaire ».

(2) M. Clément parlant de la différence qu'il y a entre le bail à

Cette interprétation est confirmée par les travaux préparatoires, par l'examen des dispositions de la loi et notamment de l'article 13.

La loi que nous vous proposons d'adopter, dit M. Clément, rapporteur au Sénat, « a pour but de
» déterminer les règles particulières au colonage
» partiaire et celles qui lui sont communes avec les
» baux ordinaires ; elle a fait ressortir par cela même
» le caractère spécial de ce contrat et la différence
» qui existe entre le bail ordinaire et lui... La Com-
» mission a voulu préciser les dispositions du Code
» civil relatives aux baux à ferme, auxquelles le pro-
» jet se réfère, en citant les articles qui les contien-
» nent, retracer sommairement les traits généraux
» qui distinguent le colonage, exprimer dans le texte
» les droits et les obligations principales des parties
» et rendre leurs règlements de comptes plus faciles
» et moins coûteux. Beaucoup de métayers ont au-
» jourd'hui remplacé par une activité féconde l'in-
» dolence de leurs devanciers ; en leur indiquant
» plus clairement leurs obligations et leurs droits,
» en leur donnant de nouveaux moyens de les faire
» valoir, nous avons l'espérance que nous contribue-
» rons à encourager leurs efforts ».

M. Million, rapporteur à la Chambre des députés,

ferme et le métayage, s'exprime ainsi : « or ce caractère spécial et cette différence tiennent à ce que le colonat partiaire participe à la fois, dans une mesure plus ou moins grande, du louage et de la société. On ne peut nier ce caractère mixte du contrat en présentant aux Chambres une loi qui en fait la base de ses prescriptions. »

s'exprime ainsi : « Il est assez inutile de s'arrêter à
» discuter une pure question de doctrine, de savoir
» si le contrat de culture à part de fruits est un fer-
» mage ou une société....... Il ne faut pas chercher
» dans le texte que nous vous proposons d'adopter
» plus que n'a voulu y mettre le Sénat ; ce texte ne
» doit pas être considéré comme ayant voulu *chan-*
» *ger la nature* du contrat, ni même trancher une
» question de doctrine, qui, nous l'avons vu, est par
» sa nature insoluble ; il n'a pas d'autre prétention
» que de codifier les règles les plus universellement
» adoptées en matière de métayage ; il a pour but de
» compléter les dispositions du Code civil en met-
» tant en relief certains articles communs au bail
» et au colonage partiaire et de préciser les diffé-
» rences qui empêchent ce dernier de se confondre
» avec le bail ».

La loi, dans ses divers articles, donne au bail à
colonage partiaire des règles qui lui sont propres ;
elle réglemente à peu près tous les points qu'on dis-
cutait autrefois et dans l'article 13 elle renvoie à un
certain nombre d'articles du bail à ferme désignés
limitativement. Ainsi se trouvent écartés à la fois,
— dans la mesure du moins où ils n'ont point passé
dans les dispositions mêmes de la loi, — et les
principes du bail à ferme et ceux du contrat de société.

Le caractère limitatif de l'énumération faite dans
l'article 13 résulte de l'esprit même de la loi ; il se
trouve attesté par la suppression du renvoi aux arti-

cles 1774 et 1776 dont l'application ne fut pas jugée utile par la Commission de la Chambre, et confirmé par de nombreuses paroles au cours de la discussion : « La loi que nous vous proposons, dit M. Million, n'a » pas pour but de créer d'autre *assimilation* entre le » métayage et le fermage que celle qui résulte des » articles qui sont déclarés communs aux deux con- » trats ».

L'article 13 ne renvoie à aucun article du contrat de société. Au Sénat, à la deuxième délibération, M. de Gavardie proposa sur l'article 13 un amende- ment ainsi conçu : « Les baux à colonage partiaire » sont régis par l'usage des lieux, et, pour les cas » non prévus, par les dispositions du Code civil rela- » tives aux contrats de louage et de société ». M. Hal- gan soutint cet amendement, en reprochant au texte de la Commission de n'avoir pas mentionné un grand nombre d'articles applicables au colonage partiaire. M. Clément fit repousser cet amendement : « L'a- » mendement, dit-il, s'il était adopté, serait le ren- » versement de tous les articles déjà votés, car ces » articles établissent pour le colonage partiaire *une* » *législation spéciale* et ne permettent pas par consé- » quent d'aller chercher sur les points qu'ils ont réso- » lus des règles qui peuvent être empruntées soit à la » société, soit au louage……. Les usages locaux ont » certainement une grande importance, mais le droit » coutumier ne parle que lorsque le droit écrit se » tait… » et il ajoutait, relativement aux articles qui dans le Code civil sont spéciaux au colonage partiaire :

« Nous n'avons pas cru indispensable de répéter dans
» notre loi ce qui se trouvait dans le Code civil ; ce
» que nous avons voulu, c'est de combler des lacunes
» et non de reproduire les articles qui restent dans
» le Code civil avec la force et l'autorité qui leur
» appartient ».

Ainsi d'après la loi du 18 juillet le bail à colonat partiaire n'est pas un bail à ferme, ce n'est pas une société, ce n'est pas non plus un contrat mixte ; c'est un contrat spécial ayant ses règles propres édictées dans la loi même et dans les articles du Code civil qui lui sont particuliers et qui ne sont en rien abrogés. Pour les cas non prévus par la loi, le juge se décidera en prenant pour guide l'usage des lieux (art. 13 *in fine*). Ce ne sera qu'en cas de silence de la loi, du droit commun et des usages locaux que le juge, pour trancher la question par voie d'analogie, pourra s'inspirer de la nature théorique du bail à colonage.

Cette nature théorique, nullement modifiée par les dispositions de la nouvelle loi, reste, de par la volonté formelle du législateur, ce qu'elle était avant.

Telle est l'économie générale de cette loi pénible du 18 juillet 1889.

« Les lois, dit Montesquieu, rencontrent toujours les préjugés et les passions du législateur ; quelquefois elles passent au travers et s'y teignent ; quelquefois elles y restent et s'y incorporent ».

Ici, la loi a passé au travers, sans même s'y teindre.

CHAPITRE II

SECTION Iʳᵉ

Éléments essentiels.

Les éléments essentiels à la formation du colonage partiaire sont : le consentement des parties, leur capacité, une chose louée et une prestation à fournir.

§ 1ᵉʳ. — **Consentement.**

Le consentement des parties doit porter sur tous les éléments constitutifs du contrat, sur la chose louée, sur la proportion du partage des fruits, sur la durée du bail.

La validité est soumise aux règles générales en matière d'obligations. Il est vicié par le dol, la violence, l'erreur.

L'erreur sera une cause de nullité si elle porte sur la nature du contrat : par exemple le preneur a cru faire un bail à ferme et le propriétaire un bail à colonat partiaire.

L'article 1110 dit que l'erreur sur la personne ne vicie le consentement qu'autant que la considération de cette personne est la cause déterminante du contrat. L'erreur sur la personne du colon entraînera toujours la nullité ; c'est en considération de son intelligence, de son activité, de sa probité que le bailleur a contracté ; et ce n'est pas seulement le colon, c'est sa famille entière qui a été prise en considération. A la campagne les bonnes traditions se perpétuent et il est des familles de métayers dont le nom seul est une garantie pour le propriétaire.

L'erreur sur la personne du bailleur ne saurait avoir les mêmes conséquences ; le colon par sa profession même est appelé à changer souvent de maître ; il traite surtout en vue des héritages. Sans doute la personne du bailleur n'est pas indifférente ; c'est à lui que la nouvelle loi donne la direction générale de l'exploitation ; et le succès en variera du tout au tout, si cette direction est donnée, sous forme de conseils, par un agriculteur consommé et prêt à faire des avances en argent, ou tout au contraire par un bailleur ignorant, indifférent aux choses de l'agriculture et dont l'intervention ne se manifestera que par une surveillance tracassière. Mais quelle qu'elle soit, cette considération n'est pas la raison déterminante du contrat. Pour admettre le contraire, il faudrait ignorer profondément le caractère des colons et méconnaître ce qu'il y a, dans tout cultivateur, de fatuité, le mot n'a rien d'exagéré, quand il s'agit de ses talents d'agriculteur.

Néanmoins si, par suite des circonstances, il apparaissait clairement que telle personne n'a pris à bail qu'en considération de tel propriétaire, nul doute que le contrat ne fut annulable.

Le contrat s'est formé du jour où les parties sont tombées d'accord ; en fait l'exécution ne suit pas toujours immédiatement la formation ; elle est généralement reculée jusqu'à l'époque fixée par l'usage des lieux.

§ 2. — De la capacité des parties.

La capacité du bailleur et celle du preneur sont soumises à des règles différentes.

1° *Capacité du bailleur*. — Pour le bailleur le contrat de colonage est un acte de simple administration ; il n'engage pas le domaine, mais seulement la jouissance pendant un certain temps.

L'article 13 de la nouvelle loi renvoie aux dispositions relatives au louage contenues dans l'article 1718.

Peuvent donc donner à bail :

1° Ceux qui ont l'administration de leurs biens, sans avoir cependant le droit d'en disposer, comme le mineur émancipé (art. 484), l'individu pourvu d'un conseil judiciaire (art. 513), la femme séparée de biens (art. 1449, 1536).

2° Ceux qui ont l'administration des biens d'autrui, comme l'envoyé en possession provisoire (art. 125), le père administrateur (art. 389), le tuteur (art. 450), l'usufruitier (art. 595), le mari, quant aux biens de sa femme (art. 1429, 1430), enfin le mandataire qui a reçu un mandat général ou limité aux actes d'administration.

Ces personnes ne peuvent passer des baux d'une durée de plus de neuf ans et ne peuvent les renouveler plus de trois ans avant leur expiration (art. 481, 1429, 1430, 595).

On est généralement d'accord pour reconnaître que cette limitation dans la durée des baux n'atteint pas le pourvu d'un conseil judiciaire ; pour lui, en effet, la capacité est de droit ; c'est l'incapacité qui fait l'exception ; et l'on ne voit pas les baux de plus de neuf ans rangés au nombre des actes qu'ils ne peuvent faire sans l'assistance de son conseil (art. 499, 513).

Dans une autre opinion que nous admettons, on soutient que pour contracter des baux de plus de neuf ans il faut avoir la capacité d'aliéner ; que ces baux, sans constituer, dans la pensée du législateur, des actes d'aliénation, n'en diminuent pas moins, à ses yeux, la valeur de l'immeuble engagé pour longtemps, et peuvent devenir des actes dangereux pour ceux qu'il a voulu protéger. Le législateur s'est contenté de régler en ce sens les situations les plus fréquentes ; mais sa volonté est assez claire pour qu'on doive généraliser le principe (1).

---

(1) Guillouard, *Contrat de louage*, n° 58.

Toulouse, 23 août 1855, Sir. 1855, 2, 748.

Nous ne croyons pas qu'il y ait lieu, pour la femme séparée de biens, de faire exception à ce principe. Les expressions « de libre administration » (art. 1449), « d'entière administration » (art. 1536), visent le caractère de généralité de ce droit sur tous les meubles et immeubles, mais ne créent point, en faveur de la femme séparée de biens, l'extension d'un droit dont le Code a implicitement défini l'étendue.

2° *Capacité du preneur*. — Pour prendre à bail la capacité d'administrer ne suffit point, il faut avoir la capacité de s'obliger. Le mineur, même émancipé, l'interdit, la femme mariée non autorisée, la femme séparée de biens, ne peuvent prendre à métairie ; en vain objecte-t-on que les raisons ne sont pas les mêmes que dans le bail à ferme, que le colon partiaire est toujours sûr de tirer du domaine les moyens d'exécution de son obligation ; la nouvelle loi, par le renvoi qu'elle fait dans son article 13 à l'article 1718, assimile sur ce point le bail à colonat partiaire au bail à ferme (1).

§ 3. — Objet du bail à colonat partiaire.

Comme dans le bail à ferme, l'objet du contrat est un héritage rural. Cet héritage rural comprend géné-

Il nous paraît inexact aussi de prétendre que l'incapacité de la femme étant établie surtout en faveur du mari, celui-ci n'a aucun intérêt à empêcher la femme de contracter des baux de plus de 9 ans ; c'est oublier que la femme est tenue de contribuer aux charges du mariage jusqu'à concurrence du tiers de ses revenus, ou même jusqu'à concurrence de la totalité s'il ne reste plus rien au mari. — Dans le cas où des terres incultes nécessiteraient un bail à long terme, la femme ne serait pas désarmée en face du mauvais vouloir du mari ; elle pourrait recourir à l'autorisation de justice.

La situation de la femme séparée de biens est semblable à celle d'un mineur émancipé ; l'article 481 doit s'y appliquer par analogie.

La sanction de la prohibition de passer des baux de plus de 9 ans sera dans la réduction de ces baux, à la requête de la femme et même du mari, s'il a intérêt à la demander.

(1) Le tuteur (art. 450) ne peut prendre à bail les biens du mineur à moins que le conseil de famille n'ait autorisé le subrogé-tuteur à lui en passer bail. Guillouard, *op. cit.*, n° 59.

ralement un ensemble de terres, de prés, de vignes, une maison, des écuries, des granges. Selon les contrées on l'appelle domaine, métairie, borderie, locaterie. Chaque domaine a généralement un nom spécial et une contenance déterminée bien connue ; les parties en contractant se bornent à le désigner par le nom et si le bailleur veut en détacher quelques parcelles il doit s'en exprimer formellement dans le bail.

Les bois, les étangs peuvent être donnés à métairie comme à ferme ; ils feront d'ordinaire partie du domaine concédé ; mais ils peuvent former l'objet principal du bail : ce sont en effet des biens ruraux qui donnent des produits partageables et qui réclament dans une assez large mesure les soins du colon (1).

Il ne saurait en être de même des mines et carrières ; ici l'exploitation n'est pas seulement une concession de jouissance, mais une aliénation totale ou partielle.

Pour les biens de l'État, des départements et des communes, il est incontestable que le bail à colonat partiaire serait peu pratique et qu'il n'a pas été pris en considération par la loi du 5 novembre 1790. Faut-il aller jusqu'à dire, comme on le fait, qu'il est implicitement prohibé par cette loi ? Nous ne le pensons pas : l'adjudication aux enchères n'est pas incom-

______

(1) Meplain, *Traité du bail à portion de fruits*, n°ˢ 49 et suiv., soutient que le colonage partiaire ne peut s'appliquer aux bois et étangs parce que leurs fruits se perçoivent sans travail et que l'industrie du colon, qui est un élément essentiel du contrat, ne s'y rencontrerait pas.

patible avec la stipulation d'une quote-part de fruits ;
au lieu de prendre pour base la moitié, qu'on prenne
50 0/0 ou un dividende plus considérable et la proportion de la redevance comportera les fractionne-
ments à l'infini auxquels les enchérisseurs recourent.

Quant à l'insertion, en ce qui concerne les baux
passés par l'État, de la clause par laquelle « l'adjudi-
» cataire ne pourra prétendre à aucune indemnité ou
» diminution de prix du bail en aucun cas, même
» pour stérilité, inondation, grêle, gelée, ou tous au-
» tres cas fortuits », elle serait tout au plus inutile
en tant qu'elle stipulerait expressément ce qui est de
la nature du bail à colonat partiaire.

§ 4. — **Prestation à fournir.**

A proprement parler le colon n'a ni prix ni prestation à fournir ; ce qu'il doit, c'est un partage des
produits du domaine, et c'est sur la proportion de ce
partage que le consentement doit porter. Ce consentement peut être tacite ; les parties dans ce cas s'en
réfèrent à l'usage ou à la loi.

L'article 2 de la nouvelle loi s'exprime ainsi : « Les
» fruits et produits se partagent par moitié s'il n'y a
» stipulation ou usage contraire ».

Ce sera donc la stipulation qui avant tout détermi-
nera la proportion de la redevance ; il est tout naturel
que les parties puissent la faire varier selon le concours
plus ou moins grand que chacune apportera à la production (1).

(1) V. Gasparin, *Le Métayage*, p. 36.

A défaut de convention spéciale, il y aura lieu de s'en référer aux usages locaux ; ces usages locaux ont presque toujours leur raison d'être, car ils sont le résultat d'une longue expérience (1).

Enfin, s'il n'y a stipulation ou usage contraire, la nouvelle loi érige en règle de droit commun que le partage doit se faire par moitié.

Cette règle ne fait que consacrer une pratique générale qui domine dans toutes les contrées. Elle est d'autant plus acceptable qu'elle se prête, aussi bien que le partage en proportions compliquées, à une exacte rémunération du travail du colon et que, par sa combinaison avec des conditions secondaires qui peuvent dériver de la convention ou de l'usage des lieux, elle se plie à toutes les situations, à tous les domaines en particulier (2).

Ce partage doit être général et porter sur tous les fruits et produits, à moins d'une clause spéciale du bail ou d'un usage contraire. Le projet du gouvernement consacrait une exception à cette règle en attribuant au preneur la jouissance exclusive des jardins annexés à son habitation et l'émondage des haies. Cette disposition fut repoussée par la Commission du Sénat qui trouva préférable de laisser sous l'empire de la convention ou de l'usage les particularités fort diverses qui se rattachent à l'attribution exclusive de certains produits à l'une ou l'autre des parties.

La plupart du temps, le métayer s'oblige en outre à

____

(1) Comte de Tourdonnet, *Traité pratique du métayage*, p. 175.
(2) Rapport de M. Million.

remettre au bailleur diverses denrées, des œufs, des fruits, des pommes de terre, du lait, des volailles, etc…, à fournir quelques journées de charrois, quelques journées d'homme.

Dans beaucoup de contrées il s'engage à payer chaque année une certaine somme d'argent qui répond à l'impôt foncier ou au loyer de l'habitation, ou aux avantages que présente l'exploitation du domaine ; c'est la prestation colonique connue principalement sous le nom d'impôt colonique, menus suffrages, droit de cour, charges de culture.

Méplain (1) condamne cet usage en tant qu'il met un obstacle insurmontable à l'amélioration du sort du colon et le détourne de tout progrès agricole. Un sénateur, à la première délibération de la loi, proposa même de déclarer illicite toute clause en ce sens ; M. Clément fit écarter cette proposition en s'appuyant sur le principe de la liberté des conventions, en démontrant que cette clause n'avait rien d'illicite en elle-même et qu'elle était souvent le régulateur du contrat en produisant l'équivalence des services entre le colon et le propriétaire (2).

Cette prestation colonique, variant avec les différents héritages et ne pouvant être déterminée dans son quantum par les usages locaux, ne sera due qu'autant qu'elle sera l'objet d'une stipulation expresse ; c'est le bailleur qui fait la loi du contrat, et il est de

______

(1) Meplain, *op. cit.*, introd., p. 14 et suiv.
(2) En ce sens, Baudrillard, *Revue des Deux-Mondes*, 1ᵉʳ oct. 1885 ; De Tourdonnet, *op. cit.*, p. 249 et suiv.

principe que le doute et le silence s'interprétent en faveur du débiteur.

Par ces clauses accessoires, par ces redevances fixes, le métayage revêt la forme du fermage ; par son objet principal, il en reste absolument distinct, et, en autres différences, dans le bail à fermer le popriétaire touche des fruits civils qui s'acquièrent jour par jour, et dans le bail à métairie, des fruits naturels qui ne s'acquièrent que par la perception.

Le partage des fruits, le paiement des redevances accessoires se font aux époques et de la manière déterminées par la convention, par la nature de la chose donnée à bail, ou par les usages locaux.

§ 5. — De la durée du bail.

Le bail à colonage partiaire ne peut être perpétuel. L'article 1ᵉʳ de la loi de 1889 a soin de dire que c'est « le contrat par lequel le possesseur d'un héritage rural le remet *pour un certain temps* (1) à un preneur. . . . . ».

Dans l'ancien droit les baux perpétuels étaient fréquents. La loi du 18 décembre 1790 en a limité la durée à 99 ans, et s'ils sont faits à vie ils ne peuvent être constitués sur plus de trois têtes.

Suivant les contrées, les baux à métairie sont ordi-

---

(1) Ces derniers mots « pour un certain temps » ne se trouvaient point et n'était point nécessaires dans le projet du gouvernement, c'est la commission du Sénat qui les inséra dans le texte modifié pour bien marquer que la nouvelle loi ne dérogeait pas sur ce point aux règles du louage (art. 1709).

nairement contractés pour une durée de une, deux, trois, six, neuf années. Les baux d'une année sont les plus fréquents ; les propriétaires cherchent dans cette faculté de renvoyer chaque année leurs métayers un moyen efficace de sauvegarder leurs intérêts.

Dans les Alpes-Maritimes les colons qui exploitent les plantations d'oliviers peuvent être congédiés à toute époque de l'année sauf indemnité à payer par experts (1).

Des congés. — On sait que le Code civil appelle *baux écrits* ceux dont la durée a été fixée par les parties et *baux sans écrit* ceux dont la durée n'a pas été fixée, qu'ils soient d'ailleurs écrits ou non.

Lorsque la durée du bail a été déterminée par la convention, le bail finit de plein droit à l'époque fixée, sans qu'il soit nécessaire de signifier congé.

Lorsque la durée n'a pas été déterminée par la convention, le bail à colonage ne finit jamais de plein droit ; il est nécessaire que la partie qui ne veut plus continuer le bail donne congé dans les délais déterminés par l'usage des lieux : l'article 13 de la nouvelle loi renvoie aux articles 1736, 1737 du Code civil.

Avant la loi du 18 juillet, l'application au bail à colonat partiaire des articles 1774 et 1776 était une question controversée en doctrine et en jurisprudence (2). La nouvelle loi en rejette l'application : les articles, en effet, ne sont point visés dans l'article 13,

(1) Comte de Tourdonnet, *Situation du Métayage en France,* p. 301.

(2) Aubry et Rau, p. 510 ; Mourlon, III, p. 757 ; Guillouard,

et les travaux préparatoires sont explicites en ce sens.
M. Million dans son rapport à la Chambre s'exprime
ainsi : « L'article 1774 porte que le bail fait sans écrit
» est censé fait pour le temps qui est nécessaire afin
» que le preneur recueille tous les fruits de l'héritage
» affermé (cf. art. 1776). Il suppose l'existence d'as-
» solements fixes tels qu'ils ont existé autrefois, et
» dispose que, lorsqu'une période d'assolement est
» commencée, le bail doit avoir une durée qui ne
» finit qu'avec cet assolement..... L'utilité de l'arti-
» cle 1774 est déjà contestable au cas de bail à ferme.
» Les progrès de la science agricole, l'introduction
» des engrais chimiques, la suppression des jachères
» ont détruit l'antique et immuable rotation des cul-
» tures... »

M. Peaudecerf, au retour de la loi au Sénat, y ajoute
encore les motifs suivants : « Votre commission ac-
» cepte la suppression des articles 1774 et 1776 non
» point par les motifs cités plus haut, mais parce que,
» regardant la culture par métayage comme une véri-
» table association entre le capital, l'intelligence agri-
» cole d'une part et le travail d'autre part, elle admet
» sans effort, qu'à défaut de conventions écrites ou
» après expiration des délais stipulés par les con-
» ventions écrites s'il y a eu tacite reconduction,
» bailleur et preneur puissent ne pas être dans l'obli-
» gation quelquefois regrettable de rester attachés

---

n° 592 ; Meplain, p. 330.
   Cass., 16 août 1853, Dal., 1854, 1, 83.
   Limoges arr., 18 mai 1887 ; conf. Cass., 21 octobre 1889.

» l'un à l'autre au plus grand détriment de leurs in-
» térêts communs et contre celui plus considérable
» encore de l'avenir de l'exploitation rurale et de la
» propriété elle-même ».

Des baux perpétuels. — Avant la Révolution les baux perpétuels étaient très fréquents dans la Marche et dans le Limousin. Quelle sera leur durée sous l'empire de la législation actuelle? La solution de cette question dépend de l'idée que l'on se fait de la nature du bail à métairie perpétuelle dans l'ancien droit. Admet-on qu'il transférait au preneur un droit réel, le preneur peut mettre fin au bail par le rachat de la redevance au moment où il voudra ; admet-on au contraire qu'il ne transférait qu'un droit de créance, comme un bail ordinaire, il doit durer quatre-vingt-dix-neuf ans à compter de la loi du 18 décembre 1790, qui a aboli les baux perpétuels.

La Cour de cassation dans un premier arrêt en date du 2 mars 1835 admit que le bail à métairie perpétuelle déplaçait la propriété et pouvait être rachetable. Elle partageait alors la doctrine de Merlin et de Tronchet, qui voyaient dans le bail perpétuel, par le fait même de sa perpétuité, un contrat translatif de propriété.

Dès 1840 elle revint avec raison de cette jurisprudence (1) en reconnaissant que les rentes perpétuelles

______

(1) Cassation, 11 août 1840 (Dall., 1840, 1, 303), confirmant un arrêt de la Cour de Limoges du 9 février 1839 ; Cass., 30 mars 1842 (S., 1842, 1, 617) ; Cass. req. rej., 23 décembre 1862 (S., 1863, 1, 96).

et autres redevances de même nature ne pouvaient être rachetables qu'autant qu'elles étaient constituées par un acte translatif de propriété et opérant cette transmission de propriété d'une façon effective.

La jouissance perpétuelle d'une personne sur un fonds n'est pas incompatible avec la propriété d'une autre personne sur ce fonds. En fait, le bail à métairie perpétuel ne donnait au preneur que les mêmes droits qu'un bail temporaire. Comme dans ce dernier, le preneur devait cultiver en bon père de famille et ne pas changer le mode d'exploitation ; il ne pouvait couper les arbres, céder son bail, intenter une action réelle ou possessoire, hypothéquer ou vendre ; il pouvait être expulsé en cas de non culture pendant trois ans ou s'il commettait des dégradations graves. Son droit se transmettait à ses héritiers sans qu'ils eussent aucun droit de mutation à payer.

Forme et preuve du bail à colonat partiaire.

Le bail à colonat partiaire peut se faire verbalement, sous seing privé ou par acte authentique.

Lorsqu'il est fait sous seing privé, il doit, pour valoir en tant que bail écrit, être rédigé en autant d'originaux qu'il y a de parties ayant un intérêt distinct (art. 1375).

La rédaction d'un écrit n'est pas une condition d'existence du contrat, mais un moyen de preuve ; le bail à colonage partiaire étant un contrat consensuel n'est soumis à aucune forme particulière.

Le coût de l'acte est d'après l'usage le plus général à la charge du colon. Ceux qui voient dans le métayage une association s'élèvent vivement contre l'iniquité d'un tel usage (1). Quoi qu'il en soit, la nouvelle loi, tout en faisant du bail à colonage un contrat spécial, n'a pas innové sur ce point.

L'ignorance habituelle des colons, le désir d'éviter des frais expliquent la fréquence des *baux verbaux* ; les règles relatives à leur preuve, jusqu'à la loi du 18 juillet, avaient donné lieu à de nombreuses controverses en doctrine et en jurisprudence. On décidait généralement que les règles exceptionnelles des arti-

(1) « Serait-ce donc, dit Meplain, parce que le colon est tou-
» jours le plus pauvre qu'il doit supporter seul une dépense faite
» dans l'intérêt commun ? ».

cles 1715 et 1716 s'appliquaient au bail à colonage
partiaire : le Code civil, en prohibant pour tous les
baux verbaux la preuve testimoniale même au-des-
sous de 150 francs, avait en vue de tarir la source de
procès d'autant plus regrettables que les plaideurs
étaient moins fortunés et que l'objet du litige était
moins considérable (1).

(1) Ainsi : 1º *Si le bail verbal n'avait point reçu de commencement
d'exécution et que l'une des parties le niât,* la preuve de son existence par témoins ne pouvait être admise quelque modique que
fût le prix et quoiqu'on alléguât des arrhes données.

L'existence d'un commencement de preuve par écrit ne rendait
pas la preuve testimoniale admissible ; en ce sens : Guillouard,
Louage, I, 87. — Massé et Vergé sur Zachariæ, IV, § 699. — Marcadé, art. 1715, nº 2. — Larombière, *Obligations,* art. 1347, nº 38.
Duranton, XVII, nº 54. — Cassation, 19 février 1873 (S. 73. 1. 89).
— Nancy, 3 août 1871 (S. 71. 2. 245). — Paris, 6 mai 1862 (S. 62.
2. 273).

En sens contraire : Aubry et Rau, IV, § 364. — Colmet de Santerre, t. VII, nº 162 *bis.* — Laurent, XXV, nº 74. — Cassation
(requête), 1er août 1867 (S. 67. 1. 373).

Cette preuve n'était pas admissible non plus pour parvenir à
établir des faits présentés comme devant constituer un commencement d'exécution du bail verbal.

La preuve du bail pouvait d'ailleurs résulter non seulement du
serment déféré à celui qui niait le bail, comme l'indique l'article 1715, mais encore de son aveu, que cet aveu fut spontané ou la
conséquence d'un interrogatoire sur faits et articles.

2º *Si l'existence du bail était reconnue par les deux parties,* les
contestations qui pouvaient s'élever sur le prix ou sur les clauses
accessoires comme la prestation colonique, ne pouvaient être
tranchées par la preuve testimoniale. En l'absence de quittance,
la loi s'en rapportait au serment du propriétaire. Le preneur
pouvait toutefois demander l'estimation par experts ; auquel cas
les frais de l'expertise restaient à sa charge, si l'estimation ex-
cédait le prix qu'il avait déclaré (art. 1716).

Les contestations sur la durée étaient réglées par l'article 1774 ;
en sens contraire : Laurent, XXV, nº 83.

Que faut-il décider sous l'empire de la législation actuelle ? La loi du 18 juillet est muette sur la preuve du bail à colonat partiaire. Il est incontestable néanmoins que les articles 1715 et 1716 ne peuvent plus être applicables au métayage et que la preuve testimoniale est, dans tous les cas, admissible conformément au droit commun, sauf l'exception formellement prévue dans l'article 11. Le bail à colonat partiaire n'est plus un bail à ferme ou une société ; c'est dans l'esprit de la nouvelle loi un contrat spécial ; l'article 13 indique d'une façon limitative les articles du louage qui restent applicables au colonage et dans cette énumération ne figurent pas les articles 1715 et 1716.

La preuve de l'existence du bail à colonat partiaire se fera donc par témoins si la valeur du bail ne dépasse pas 150 francs. La valeur d'un bail se détermine, non par la prestation ou le prix de la location annuelle, mais par la somme des redevances à échoir pendant toutes les années que le prétendu bail doit

Dans tous les cas, lorsque l'écrit avait existé, mais avait disparu par suite d'un cas de force majeure, la preuve testimoniale restait admissible conformément à l'article 1348-4°.

Pour les autres contestations, qui ne portaient pas sur l'existence, le prix ou la durée, la preuve se faisait conformément au droit commun.

Les auteurs, qui faisaient du métayage une association ou principalement une association, déclaraient au contraire que les dispositions exceptionnelles des articles 1715 et 1716 étaient inapplicables au colonage partiaire et que la preuve, dans tous les cas, devait se faire conformément à l'article 1834 ou conformément au droit commun.

durer (1) ; c'est assez dire que cette hypothèse se présentera rarement dans la pratique.

Au-dessus de 150 francs, la preuve testimoniale est encore admissible s'il y a un commencement de preuve par écrit.

Les contestations sur la durée du bail et sur la quotité de la redevance, *quand la durée et la quotité de la redevance ont été réglées par la convention*, se trancheront également conformément au droit commun (2).

Règlement de comptes. — Preuve. — Compétence. — L'article 11 de la nouvelle loi édicte, en faveur du bail à colonage, certaines dispositions exceptionnelles ; il étend la compétence des juges de paix et facilite la preuve pour simplifier la procédure et la rendre plus prompte et moins coûteuse.

Chacune des parties peut demander le règlement annuel du compte d'exploitation.

Si le règlement ne peut se faire à l'amiable, le juge de paix est le juge compétent, quel que soit le montant de la contestation, pourvu que les obligations résultant du contrat ne soient pas, elles-mêmes, contestées (3).

----

(1) Aubry et Rau, IV, § 364, note 13 ; Troplong, n° 116 ; Paris, 6 avril 1825.

(2) Les contestations sur la durée et sur la redevance, quand elles n'ont point été déterminées par la convention, devront être tranchées conformément à l'article 1736 du Code civil et à l'article 2 de la nouvelle loi comme nous l'avons dit plus haut.

(3) Cette disposition ne modifie point les règles relatives à la compétence *ordinaire* des juges de paix (Loi du 25 mai 1838,

Le juge de paix prononce sans appel, lorsque l'objet de la contestation ne dépasse pas le taux de sa compétence générale en dernier ressort (1) et à charge d'appel à quelque somme qu'il puisse s'élever.

Le juge statue sur le vu des registres ; il peut même admettre la preuve testimoniale s'il le juge convenable.

Les mêmes modes de preuve s'appliquent à l'instance en appel devant le tribunal civil (Rapports de MM. Clément et Million).

Ce règlement de comptes présentera surtout de l'importance à la sortie du colon pour établir le reliquat dont l'une des parties est généralement débitrice envers l'autre.

En pratique la preuve se fera plutôt par témoins

art. 1er :) *Travaux préparatoires* : Réponse du Ministre de l'agriculture à M. de Casabianca (Sénat, séance du 5 juillet 1889).

(1) Le projet de la commission du Sénat portait: « lorsque l'objet de la contestation ne dépasse pas 100 francs ». M. Million dans son rapport donne l'explication de cette modification de texte par la commission de la Chambre: « La compétence en dernier res-
» sort limitée à 100 francs a paru à votre commission fixée à un
» taux trop bas, par suite de l'augmentation des frais de justice
» résultant de l'aggravation des droits d'enregistrement survenue
» en 1872 ; il a semblé à votre commission qu'il fallait limiter le
» droit d'appel aux seuls litiges qui ont au moins un intérêt égal
» ou supérieur à celui des frais que les parties seraient obligées
» d'avancer pour se faire rendre justice. Cette considération a fait
» rejeter comme trop faible la limite de 100 francs pour la com-
» pétence en dernier ressort des juges de paix ; mais pour ne pas
» se mettre en désaccord avec la commission spéciale qui étudie
» cette question, elle a pensé qu'il fallait employer une formule
» générale qui renvoie au taux de la compétence en dernier res-
» sort du juge de paix, tout en laissant dans la compétence de ce
» juge en premier ressort les règlements de compte entre pro-
» priétaire et métayer à quelque taux que puisse s'élever le chif-
» fre du solde de compte ».

que par registres ; la loi n'exige point en effet la tenue de registres et les métayers illettrés pour la plupart n'en sauraient tenir.

C'est avec raison, fait remarquer Meplain, que les
juges accordent ordinairement une grande confiance
aux registres du maître. Cependant ils doivent être
attentifs à se défier des écritures irrégulières, sans
ordre, sans suite, sans certitude, à ne pas se laisser
surprendre par des énonciations inscrites après coup.
La sagacité du juge a parfois à déjouer de honteuses
fraudes et à protéger contre elles la bonne foi et la
simplicité.

Il est utile de rapprocher de l'article 11 de la loi
de 1889 l'article 3 de la loi du 25 mai 1838, modifié
par la loi du 2 mai 1855, qui établit en faveur des
baux en général une compétence extraordinaire pour
les juges de paix.

Les juges de paix connaissent jusqu'à 100 francs
sans appel, et à charge d'appel à quelque valeur que
la demande puisse s'élever : Des actions en paiement
de loyers et fermages, des congés, des demandes en
résiliation de baux fondées sur le seul défaut de paiement de loyers et fermages, des expulsions de lieux et
des demandes en validité de saisie-gagerie ; le tout
lorsque les locations n'excèdent pas annuellement
400 francs.

.... Le juge de paix s'il s'agit de baux à colons partiaires détermine la compétence en prenant pour base
du revenu de la propriété le principal de la contribution foncière multiplié par cinq.

Il est inutile de faire remarquer que ces dispositions dérogeant aux règles de la compétence ordinaire
doivent être interprétées dans un sens étroit, et qu'il
ne saurait être permis de les étendre par voie d'analogie à des espèces autres que celles expressément
indiquées dans le texte.

SECTION III

Enregistrement.

Les règles relatives à l'enregistrement des baux à colonat partiaire varient selon qu'il s'agit de baux verbaux ou de baux écrits.

§ 1. — **Baux verbaux.**

Jusqu'à la loi du 23 août 1871, la loi fiscale, au point de vue des droits à percevoir, avait toujours assimilé les baux à colonage aux baux à ferme . Il en était ainsi dans l'ancien droit (1) et la loi du 22 frimaire an VII assujétissait les uns et les autres au même droit proportionnel. Ce droit proportionnel n'était dû qu'autant que les baux avaient fait l'objet d'un écrit (2).

La loi de 1871, dans le but d'augmenter les revenus du Trésor, soumit à la formalité de la déclaration et de l'enregistrement les locations verbales qui jusqu'alors avaient échappé à tout paiement de droits ; mais, que ce fut le résultat d'une erreur ou d'une faveur spéciale aux colons partiaires, elle en dispensa les baux à métairie verbaux.

(1) Bosquet, v. *Baux à moitié ou par tiers* ; tarif du 22 septembre 1722.

(2) Cassation, 24 juin 1811 ; Garnier, *Répertoire de l'enregistrement*, v. *Bail*, nᵒ 2613.

L'article 11 de la loi de 1871 ne mentionne pas cette exemption ; le texte conçu en des termes généraux, vise toutes les mutations de jouissance ; mais l'exception résulte de l'intention du législateur formellement déclarée tant dans l'exposé des motifs du gouvernement que dans le rapport de la commission : « Le bail à colonage ou à moitié fruits, disait le rapporteur, est considéré en doctrine et en jurisprudence, pour l'application de la loi fiscale, comme une association entre le propriétaire et le colon ; par suite les dispositions de la présente loi ne lui sont pas applicables » (1).

Le motif est complètement inexact ; jamais l'administration de l'enregistrement n'avait perçu le droit fixe de société pour les baux à colonage, elle avait toujours perçu le droit proportionnel de bail.

Quoi qu'il en soit, le bail à colonat partiaire, s'il a été fait verbalement, n'est soumis à aucun paiement de droits ; il est inutile de le déclarer : Le *bail à métairie verbal* est considéré par la loi fiscale comme une association non constatée par écrit et constituant un simple acte d'indivision.

Lorsque, en outre d'une certaine portion de fruits, le colon partiaire doit fournir une somme d'argent ou d'autres menues denrées fixes, l'administration soutient que sous ce dernier rapport il est un véritable

______

(1) V. *Exposé des motifs*, n° 14 ; Dalloz, *Répertoire périodique*, 1871, 4, 55 ; *Rapport de la commission*, n° 27, D. P., 1871, 4, 59; *Instruction de l'administration de l'enregistrement*, § 5, n° 1, D. P., 1871, 3, 51.

fermier et que les prestations accessoires doivent être
déclarées (1). Cette analyse qui décompose en deux
contrats un contrat unique n'est point juridique ; elle
est également contraire à l'intention des parties et à
la volonté du législateur. Le bail à colonat partiaire
forme, dans son ensemble, un contrat indivisible. La
prestation colonique, quelque forme qu'elle revête, en
fait partie intégrante ; elle sert à établir, entre propriétaire et colon, l'équivalence des services, l'équivalence de la rémunération au travail, sans qu'il soit
nécessaire de recourir à une modification compliquée
de la proportion du partage.

D'un autre côté, la théorie émise par l'administration va à l'encontre du vœu du législateur ; en déclarant que le bail à colonat partiaire ne tombait pas
sous le coup de la loi de 1871, le législateur n'a fait
aucune distinction entre les divers éléments dont ce
contrat se compose.

§ 2. — Baux écrits.

Les baux à métairie écrits sont, comme les baux à
ferme, soumis à l'enregistrement et au paiement du
droit proportionnel par application de la loi du 22 frimaire an VII.

Lorsque la loi du 28 février 1872 eut transformé le
droit fixe sur les actes de société en droit gradué, la
régie s'autorisa des paroles prononcées au cours de la
discussion de la loi de 1871 et voulut de percevoir sur
les baux à portion de fruits constatés par écrit ce droit

(1) V. *Dictionnaire des droits d'enregistrement*, v. *Bail*, n° 378.

gradué plus avantageux dans certain cas pour le Trésor que le droit proportionnel de 0,20 pour 100 (1).

Un jugement du tribunal de Brives à la date du 8 août 1873 fut rendu en ce sens.

La Cour de cassation, par arrêt du 8 février 1875 (2) cassa le jugement et condamna la solution de l'Administration de l'enregistrement.

(1) Solution du 12 avril 1873.

(2) (Sirey, 1875. 1. 182). « Attendu que si des divergences ont pu se produire au point de vue du droit civil sur le caractère propre du bail à colonage, ou à portion de fruits, spécialement sur le point de savoir si la convention constitue un véritable bail à ferme ou une sorte d'association entre le propriétaire et le colon, ces mêmes divergences ne sauraient exister au point de vue fiscal ; qu'en effet, aux termes de dispositions précises et positives, le bail à colonage ou à portion de fruits rentre pour la perception du droit d'enregistrement, dans la catégorie des baux à ferme ou baux ordinaires, et, en conséquence, est soumis au tarif de 0,20 pour 100 francs, sur les bases déterminées par l'article 1er de la loi du 16 juin 1824 ; — que cela résulte nettement du no 1 de l'article 15 de la loi du 22 frimaire an VII, lequel, posant la règle de la liquidation du droit proportionnel, précisément en ce qui concerne les baux à fermes ou à loyer en général, mentionne expressément le bail à portion de fruits en prescrivant de percevoir le droit d'enregistrement sur la part revenant au bailleur ; qu'en présence de ces dispositions auxquelles il n'a été dérogé par aucune des lois survenues depuis sur l'enregistrement, il n'est pas possible de considérer les baux de l'espèce pour l'application de la loi fiscale comme participant en une manière quelconque du contrat de société ; — qu'à la vérité le jugement attaqué s'appuie pour déclarer le contraire, sur quelques incidents de la discussion de la loi du 23 août 1871, « et spécialement sur les affirmations produites à propos des articles 11 et suivants de la dite loi ; mais que ces affirmations émises à propos de dispositions ayant pour objet d'atteindre les locations verbales, n'ont pu en tout cas, avoir pour objet de changer soit la quotité, soit la nature des droits établis par les lois préexistantes sur les baux en général. Qu'il suit de la.... etc. ».

Ce droit, pour les baux à durée limitée (1), est de vingt centimes pour cent francs sur le prix cumulé de toutes les années ; il faut y ajouter en outre deux décimes et demi (2), ce qui porte à vingt-cinq centimes pour cent ce droit proportionnel.

Quant aux baux à vie et à durée illimitée, ils sont passibles d'un droit de quatre pour cent perçu sur une somme formée de vingt-cinq fois le revenu annuel pour les premiers, et de douze fois et demi pour les seconds (3) ; on doit ajouter également les décimes créés par les lois de finances.

Assiette du droit. — Pour calculer le montant de ce droit il faut :

1° Déterminer la quantité moyenne de fruits que le propriétaire reçoit chaque année. Cette quantité est fixée par la déclaration du bailleur (4).

2° Apprécier en argent la valeur de cette quantité. L'estimation est faite par le receveur de l'enregistrement d'après le taux commun des mercuriales des trois dernières années. On doit se reporter aux mercuriales du canton de la situation des biens.

3° Ajouter au montant de cette estimation la moitié du produit net de la vente des bestiaux et la prestation colonique.

4° Multiplier ce revenu par le nombre d'années que

(1) Loi du 16 juin 1824, art. 1er.
(2) Loi du 31 décembre 1873.
(3) Article 69, § 7, n° 2, loi du 22 frimaire an VII ; article 2, loi du 21 juin 1875.
(4) Garnier, *Répertoire de l'enregistrement*, t. I, p. 694.

doit durer le bail ou par les chiffres que nous avons indiqués s'il s'agit de baux à durée illimitée ou de baux à vie.

Si la convention impose au preneur des charges autres que celles dont il est tenu légalement, leur estimation doit être faite et donne lieu à la perception d'un droit de vingt-cinq centimes pour cent.

Les charges que la loi impose au preneur ne donnent lieu à aucun droit d'enregistrement (1).

Si le colon fournit une caution, le droit à payer sera de la moitié du droit perçu pour l'enregistrement du bail (2).

La transcription des baux de plus de 18 ans donne lieu à la perception d'un droit de 1 1/2 pour 100 (3).

En principe, le droit est exigible, lors de l'enregistrement pour toute la durée du bail. La loi du 23 août 1871 autorise le fractionnement du droit pour les baux de plus de trois ans en autant de paiements égaux qu'il y a de périodes triennales. Le fractionnement n'a lieu que si les parties le requièrent, faute de quoi, la perception intégrale est régulière et ne donne point lieu à la restitution.

Cette loi abroge également la disposition de la loi de frimaire an VII, aux termes de laquelle les baux à période de 3, 6, 9 ans étaient, pour la perception des droits, considérés comme des baux de 9 ans. Le droit n'est dû que pour une période de 3 ans, sauf paie-

(1) Cassation, 26 octobre 1814.
(2) Loi du 16 juin 1824, art. 1er.
(3) Loi du 23 mars 1855 ; loi du 28 février 1872.

ment ultérieur des autres périodes si elles prennent cours et dans le mois qui commence chaque période. Pour les baux de 3, 6, 9 ans le fractionnement n'est pas seulement facultatif, il est de droit en dehors de toute réquisition des parties (1).

Délais d'enregistrement. — Lorsque le bail est par acte notarié, il doit être enregistré dans les dix jours si le notaire réside dans la commune où est établi le bureau d'enregistrement, et dans les quinze jours, s'il réside dans une autre commune (2).

Lorsque le bail est par acte sous seing privé, il doit être enregistré dans les trois mois de sa date (3). Il peut l'être dans tous les bureaux indistinctement (4).

Le bail authentique doit être enregistré dans le bureau du canton où le notaire réside.

A défaut d'enregistrement dans le délai prescrit, le bailleur et le preneur sont tenus personnellement et sans recours, nonobstant toute stipulation contraire d'un droit en sus, lequel ne peut être inférieur à cinquante francs et qui s'élève avec les décimes à soixante-deux francs cinquante centimes, comme minimum (5).

Au surplus, le bail à colonat partiaire est régi par les règles relatives à l'enregistrement des baux à ferme.

(1) Solution du 8 août 1873 ; Demante, n° 135, 4° éd., t. I, p. 444.
(2) Loi du 22 frimaire an VII, article 20.
(3) *Eod.*, article 22.
(4) *Eod.*, article 26.
(5) Loi du 23 août 1871, article 14.

Du cheptel donné au colon partiaire.

Nature du cheptel donné au colon partiaire (1). — La convention qui intervient à l'occasion de ce cheptel n'est qu'un accessoire du bail à métairie. Elle a pour but le partage des produits du troupeau comme le bail principal a pour but le partage général des produits du domaine. Le cheptel est en outre un élément indispensable pour l'exploitation de la métairie. Il peut comprendre toutes sortes de bestiaux.

Les règles qui lui sont applicables varient suivant qu'il est fourni en totalité par le propriétaire du fonds, ou qu'il est fourni moitié par le propriétaire moitié par le métayer.

§ 1. — **Du cheptel fourni par le propriétaire.**

Règles générales. — C'est le cas de beaucoup le plus général que le cheptel soit fourni par le bailleur de la métairie.

______

(1) Le mot de « *cheptel* » désigne tantôt le bail ayant pour objet des animaux, tantôt les animaux eux-mêmes objet du bail ; dans ce dernier cas, c'est le « *cheptel vif* ».

On appelle « *cheptel mort* » les charrettes, charrues, herses, harnais de labour et tous les instruments de culture que le bailleur remet ordinairement au colon à son entrée dans la métairie.

Les colons, dans la plupart des contrées, n'apportent que leurs outils manuels et les meubles qui servent à leur usage personnel.

Les règles à appliquer sont, sauf quelques dérogations, celles du *bail à cheptel simple* (art. 1830).

« Ce bail à cheptel, disait le tribun Mouricault,
» qui finit avec le bail à métairie, est soumis à toutes
» les règles du cheptel simple, ou plutôt ce n'est
» qu'un véritable bail à cheptel simple donné par le
» propriétaire du cheptel à son colon partiaire, et
» qui, par cette raison et en considération que le bail-
» leur fournit le logement et la nourriture, est sus-
» ceptible de clauses interdites aux baux de ce genre
» qui sont donnés à d'autres » (1).

Le preneur a droit à la moitié du croît, à la moitié
de la plus-value que le bétail se trouve avoir acquise
à la fin du bail et à la moitié de la laine ; il profite
seul des laitages.

Le preneur ne pourra tondre sans en prévenir le
bailleur (art. 1814).

*Estimation du cheptel et partage du croît ou du dé-
croît.* — Au commencement et à la fin du bail il est
fait une estimation du cheptel. L'estimation qui est
faite au commencement du bail n'a pas pour effet de
transporter la propriété sur la tête du preneur. Elle
n'a d'autre effet que de fixer la perte ou le profit qui
pourra se trouver à la fin du bail (art. 1805).

A la dissolution du bail, le bailleur *doit* commencer par prélever des bêtes de chaque espèce jusqu'à
concurrence de la première estimation ; le surplus,
indiqué par la seconde estimation, se partage entre
eux. S'il y a perte et qu'il n'existe point assez de bê-

(1) Fenet, XIV, p. 348.

tes pour remplir la première estimation, le bailleur doit prendre ce qui reste et les parties se font raison de la perte (art. 1817).

L'article 1778 permet au bailleur de fonds de retenir, suivant estimation, la part revenant en nature au colon sortant dans la plus-value du cheptel. La loi de 1889, en y renvoyant expressément dans son article 13, maintient cette disposition en considération des besoins de l'agriculture.

Il a été jugé que le propriétaire qui a manifesté clairement son intention de garder l'excédent du cheptel n'est plus recevable plus tard à en demander le partage en nature (1).

Responsabilité du preneur. — Le preneur doit les soins d'un bon père de famille à la conservation du cheptel (art. 1806). Il répond de sa faute légère *culpa levis in abstracto*, mais il ne répond pas de sa faute très légère, de celle qu'un père de famille très diligent ne commettrait point.

Il est responsable, aux termes de l'article 1384, des personnes qu'il emploie, des valets et des bergers préposés à la conduite ou à la garde des troupeaux.

Il n'est pas responsable des cas fortuits arrivés sans sa faute. « Il n'est tenu du cas fortuit que lorsqu'il a été précédé de quelque faute de sa part sans laquelle la perte ne serait pas arrivée » (art. 1807).

En cas de contestation, le preneur est tenu de prouver le cas fortuit et le bailleur la faute qu'il impute au preneur (conformément au droit commun) (art. 1808).

(1) Dalloz, J. G., *Louage à cheptel*, 59 ; Bourges, 9 juillet 1828.

Le preneur, qui est déchargé par le cas fortuit, est toujours tenu de rendre compte de la peau des bêtes (art. 1809). Rendre compte ne veut pas dire rapporter ; il remplira son obligation en justifiant par exemple qu'il a été obligé d'enfouir les bêtes en exécution d'un règlement de police.

Des risques dans la perte totale ou partielle. — Il faut distinguer entre la perte totale et la perte partielle :

1° Le preneur, qui ne répond pas des cas fortuits, qui font périr le cheptel en tout ou partie, n'en supporte même point les conséquences lorsque la perte est totale. « Si le cheptel périt en entier sans la faute du colon, la perte est pour le bailleur » (art. 1827).

A peine de nullité, on ne peut stipuler que le colon sera tenu de toute la perte (art. 1828 *in fine*).

2° Lorsque la perte est partielle, le colon la subit en commun avec le bailleur : «..... S'il n'en périt qu'une partie, la perte est supportée en commun, d'après le prix de l'estimation originaire et celui de l'estimation à l'expiration du cheptel (1) » (art. 1810).

D'après Pothier, le preneur supportait pour moitié la perte totale comme la perte partielle. Notre législateur a maintenu la solution de Pothier pour le cas de perte partielle et l'a répudiée pour le cas de perte

(1) Le tiers qui, en cas de désaccord entre les deux experts choisis par les parties pour l'estimation du cheptel, est nommé pour les mettre d'accord, doit d'après l'usage accepter l'estimation de l'un ou de l'autre expert et ne peut pas estimer le cheptel à un chiffre supérieur à l'estimation la plus élevée ou inférieur à l'estimation la plus basse. Limoges, 17 juillet 1878. Sir., 1878. 2. 296.)

totale. Cette innovation peut avoir pour résultat de
mettre le preneur entre son devoir et son intérêt, et
dans ce conflit il est à craindre que le devoir ne soit
sacrifié ; en effet, pour se dispenser de contribuer à
une perte partielle du cheptel qu'il ne peut conjurer,
le cheptelier sera intéressé à en provoquer la perte
totale. En d'autres termes, le cheptelier, qui se voit
dans l'impossibilité de sauver le troupeau tout entier
de la perte dont il est menacé, sera tenté de ne faire
aucun effort pour en sauver une partie, puisque pour
prix de sa peine il aurait à supporter sa part dans la
perte des animaux qu'il a été impossible de sauver ;
tandis que s'il laisse périr le cheptel tout entier il sera
dispensé de toute contribution à la perte. On a même
vu des chepteliers faire périr volontairement des animaux épargnés et transformer ainsi une perte partielle en une perte totale pour bénéficier de l'immu-
nité accordée en ce cas. Il eût été préférable à notre
avis de ne faire contribuer le cheptelier ni à la perte
totale ni à la perte partielle ; cette solution découlait
tout naturellement du principe que le bailleur reste
propriétaire du cheptel et de la règle *res perit domino* (1).

Le bailleur peut se refuser à faire les dépenses nécessaires pour remplacer le cheptel disparu. Le preneur et le bailleur peuvent, suivant les circonstances,
demander la résiliation du bail (arg. loi du 18 juillet
1889, art. 8).

Dans le bail à ferme la perte totale comme la perte

(1) Baudry-Lacantinerie, III, p. 434.

partielle sont à la charge du preneur ; le preneur seul a le droit de demander la résiliation du bail ou une diminution de prix (art. 1722 et 1825)

Dans le bail à colonat partiaire il ne saurait être question de diminution de prix. Le bailleur est admis à demander la résiliation au même titre que le preneur pour qu'il ne puisse être entraîné, dit le rapport de M. Million, dans des frais disproportionnés avec l'intérêt qu'il peut avoir à la continuation du bail.

On peut être étonné de la différence qu'il y a, au point de vue des risques, entre le fermier et le métayer, d'autant plus que pour l'un comme pour l'autre c'est le bailleur à cheptel qui en reste propriétaire. La raison en est que le législateur s'est montré plus favorable au métayer, parce que celui-ci est généralement pauvre, qu'il ne spécule pas en traitant à forfait, mais cherche avant tout à subvenir à ses besoins, et que, n'ayant guère à compter avec les grands profits, il est juste aussi que les grandes pertes lui soient évitées.

Règles particulières. — L'article 1830 déclare que le cheptel livré au colon partiaire est soumis à toutes les règles du cheptel simple ; il existe pourtant un certain nombre d'exceptions qu'il importe de signaler :

1° Le cheptel simple, quand la durée n'en a pas été fixée par la convention, est censé fait pour trois ans. Au contraire le cheptel donné au colon partiaire finit toujours avec le bail à métairie dont il est l'accessoire (1) (art. 1829).

(1) Si la durée du bail à métairie n'a pas été elle-même fixée

2° Le fumier et le travail des animaux n'appartient pas exclusivement au preneur, comme dans le cheptel simple ; ils doivent être employés aux besoins de l'exploitation sans pouvoir en être distraits.

3° Conformément à l'article 1828, « on peut stipuler que le colon laissera au bailleur sa part de la toison à un prix inférieur à la valeur ordinaire — que le bailleur aura une plus grande part du profit — qu'il aura la moitié du laitage... » La loi autorise ainsi des clauses désavantageuses au colon et qui ne seraient peut-être point permises dans le bail à chep-

par la convention, le bail à métairie et le bail accessoire de cheptel prendront fin en même temps par congé signifié d'après l'usage des lieux ; il ne semble pas que dans l'application de la nouvelle loi, l'article 1829 puisse soulever aucune difficulté. M. Peaudecerf, dans son rapport au Sénat, a tenu cependant à ne laisser subsister aucun doute sur ce point : « La suppression, dit-il, des arti-
» cles 1774 et 1776 dans l'article 13 du projet de loi relatif au bail
» à colonat partiaire, soulève une question au sujet des chep-
» tels : dans le bail à colonage ou métayage, les bestiaux (cheptels
» vifs) sont généralement fournis par le propriétaire ;...... or,
» l'article 1815 dit : « S'il n'y a pas de temps fixé par la conven-
» tion pour la durée du cheptel, il est censé fait pour trois ans ».
» A l'époque de la rédaction du Code civil, en effet, et dans beau-
» coup de contrées encore aujourd'hui, notamment dans les con-
» trées où le métayage est très répandu, l'assolement triennal « ja-
» chères, bon blé, petits grains », était et est encore seul suivi.
» Les cheptels, dans ces conditions culturales, sont confiés au
» métayer pour la même durée que celle du bail lui-même. En
» supprimant du texte primitivement adopté par le Sénat en 1880
» les articles 1774 et 1776, il va de soi et il doit être entendu que
» l'article 1815 ne pourrait pas être applicable, la partie princi-
» pale emportant en effet la partie secondaire, et la cessation de
» jouissance du fonds entraînant évidemment et comme consé-
» quence, la cessation de celle relative au cheptel confié à
» moitié. »

tel simple. La raison en est que le cheptel donné au colon partiaire est un accessoire du bail à métairie et que le colon pourra trouver dans les avantages du bail principal la compensation de ces clauses onéreuses (1).

Détournements du cheptel. — Le bailleur reste propriétaire du cheptel nonobstant l'estimation qui en est faite. Le preneur ne peut disposer d'aucune tête du fonds du cheptel ni du croît sans le consentement du

(1) Le bail à cheptel simple participe-t-il du contrat de société? — La question, en ce qui touche le partage des produits du cheptel, se pose de la même manière que pour le bail à métairie et doit avoir la même solution (art. 1138).

Faut-il voir une application des principes de la société dans les dispositions des articles 1811 et 1828 *in fine* qui édictent à peine de nullité, qu'on ne pourra stipuler que le preneur supportera la perte totale du cheptel, ou qu'il supportera dans la perte une part plus grande que dans les profits? Serait-ce, comme on l'a dit, pour empêcher la convention des parties de dégénérer en *société léonine*. La loi se préoccupe si peu de proportionner les bénéfices aux apports dans le bail à cheptel qu'il y a là, au contraire, un critérium sûr, pour se rendre compte qu'il ne participe aucunement du contrat de société : en effet, la loi, en fixant le minimnm de la part du cheptelier, n'a pas entendu en limiter le maximum ; et la convention peut être *léonine* dans la plus vaste mesure, pourvu qu'elle ne le soit point au détriment du cheptelier, la convention restera valable. Le principe qui s'applique dans le bail à cheptel, n'est pas ce principe fondamental en matière de société « que les bénéfices doivent être proportionnels aux mises », mais ce principe tout différent et fondamental en matière de louage « que la modicité du prix ne vicie point le bail ».

Le législateur dans les articles 1811 et 1828 n'a eu qu'un but, un but de protection pour les chepteliers, que leur misère et leur ignorance auraient livrés trop souvent à la merci des exigences des bailleurs ; et il en a pris l'inspiration dans l'ancien droit, qui poursuivait un but identique en proscrivant les conventions usurières.

bailleur qui ne peut lui-même en disposer sans le consentement du preneur (art. 1812).

Si le bailleur s'oppose à la vente sans motif légitime, le preneur peut s'y faire autoriser judiciairement, et demander en outre des dommages-intérêts,
si le retard occasionné par cet injuste refus lui a causé
quelque préjudice (1). Sans doute le bailleur est propriétaire ou co-propriétaire du troupeau, et il est de
principe que nul ne peut être forcé de vendre ; mais
il ne faut pas perdre de vue que le fonds du cheptel
dont le bailleur est seul propriétaire est un cheptel *in
genere*, qui n'est *déterminé* que quant à sa valeur, et
que le bail est un contrat de bonne foi où le juge doit
faire plier, devant l'équité, la rigueur des principes.

Si c'est le colon qui s'oppose à la vente, le bailleur
pourra également s'y faire autoriser et réclamer, s'il y
a lieu, des dommages-intérêts ; cette hypothèse ne
saurait d'ailleurs faire aucun doute depuis la nouvelle
loi, l'article 5 reconnaissant au bailleur une direction
générale de l'exploitation, soit pour le mode de culture, soit pour l'achat et la vente des bestiaux.

Le colon qui vend des bêtes à l'insu du propriétaire
ou malgré son ordre formel, sans vouloir d'ailleurs en
détourner le prix, commet évidemment une malver-
sation qui engage sa responsabilité civile.

Mais qu'arrivera-t-il s'il les vend frauduleusement,
dans l'intention de s'en approprier le prix ? Outre sa
responsabilité civile, encourra-t-il une responsabilité pénale ?

____

(1) En sens contraire, Laurent, t. XXVI, n° 101.

La loi romaine et l'ancien droit punissaient comme voleur le colon qui vendait des bestiaux sans l'assentiment de son maître. Sous le Code pénal, jusqu'en 1832, le preneur coupable de détournements n'était passible que d'une action civile en dommages et intérêts. Depuis la loi du 25 avril 1832 modifiant l'article 408 du Code pénal, le détournement *frauduleux* d'objets *remis* à titre de louage, de dépôt, de mandat, etc... constitue le délit d'abus de confiance.

Le détournement *frauduleux* du cheptel *remis* constitue donc le délit d'abus de confiance prévu par l'article 408, mais non celui de vol (1). Il suit de là que l'acheteur de bonne foi est protégé contre la revendication du propriétaire par l'article 2279, *en fait de meubles possession vaut titre* (2), puisqu'il ne se trouve point dans l'une des deux hypothèses « perte ou vol » où, par exception, la loi autorise la revendication des objets mobiliers (3).

---

(1) Cass., 25 janvier 1838 (S., 38. 1. 246).

(2) Aux termes de l'article 524 du Code civil, le cheptel est *immeuble par destination*; mais la fiction d'immobilisation cesse, quand les animaux sont séparés du fonds, et le propriétaire ne saurait y trouver une base pour son action en revendication. Voir Laurent, XXXII, n° 564, p. 581 et de Folleville, *De la possession des meubles*, n° 65, p. 130 et les arrêts cités.

(3) La jurisprudence n'a jamais varié sur ce point ; les nombreux arrêts motivent leur décision sur le caractère étroit de l'exception formulée dans l'article 2279 et sur cette considération qu'il n'y a pas identité de motifs pour admettre la revendication dans le cas de détournement comme dans le cas de vol : dans le vol, en effet, le propriétaire, qui a été dépossédé de sa chose à son insu ou malgré lui, n'a pas plus de faute à se reprocher que l'acheteur de bonne foi ; dans l'abus de confiance, au contraire,

Et il en est ainsi malgré l'article 10 de la loi de 1889 et l'article 2102, 1°, al. 5 du Code civil qui, pour assurer l'exercice du privilège du bailleur, lui permettent de saisir les meubles, effets, bestiaux, récoltes *appartenant au colon*, quand ils ont été déplacés de la métairie sans son consentement, pourvu que la revendication ait lieu dans le délai de quarante jours.

Cette revendication spéciale qui est une revendication de gage, *pignoris vindicatio*, ne saurait réussir en l'espèce : les privilèges garantissent des créances et non des droits de propriété ; le cheptel remis par le bailleur n'est pas son gage, il n'a jamais cessé d'en avoir la propriété et même la possession juridique.

Ainsi les droits du bailleur, en tant que propriétaire, sont moins garantis que ses droits, en tant que locateur ; c'est une anomalie singulière, difficile à justifier, qui n'est pas d'ailleurs spéciale à notre matière.

Il importe donc, au point de vue pénal comme au point de vue civil, de distinguer entre le détournement du cheptel remis par le bailleur et le détournement du produit du cheptel, puisque, d'une part, le détournement du cheptel remis peut seul constituer le délit d'abus de confiance, et que, d'autre part, il ne saurait donner lieu au droit de saisie-revendication prévu par l'article 2102.

Ce cheptel, remis par le bailleur au colon et dont

le propriétaire doit s'en prendre à lui-même d'avoir suivi la foi de la personne entre les mains de laquelle il s'est volontairement dessaisi de sa chose, et il serait injuste, dans ce cas, de le préférer à l'acheteur de bonne foi, qui n'a commis aucune imprudence.

le bailleur demeure propriétaire, est, nous l'avons dit, non pas un cheptel composé d'individus déterminés, mais un cheptel de genre, déterminé quant à sa valeur seulement (1) ; ce cheptel, au cours du bail, subit une continuelle transformation.

Le délit n'existe pas si le détournement ne porte que sur le profit du cheptel. Le profit des animaux, comme les produits de l'exploitation en général, n'ont pas fait l'objet d'une remise à titre de louage ; ils appartiennent par indivis au bailleur et au preneur (2) et ne sont aucunement visés par l'article 408 du Code pénal. Le colon, dans cette hypothèse, ne tombe que sous le coup d'une action civile en dommages et intérêts.

(1) De là encore des conséquences assez singulières et des distinctions quelquefois subtiles entre le *croît numérique* et le *croît de plus-value* :

Le colon vend une paire de bœufs faisant partie du cheptel remis et la remplace par une paire de moindre valeur, pour en détourner la différence du prix. — Il y a abus de confiance.

Le colon, alors que le cheptel remis a doublé de valeur, dispose frauduleusement de la moitié des bêtes. — Il n'y a pas délit d'abus de confiance ; le cheptel, en effet, reste intact, puisqu'il est de la même valeur qu'au début du bail ; il n'y a de détourné que la plus-value, qui n'a pu faire l'objet d'une remise à titre de louage.

Au contraire, le cheptel a augmenté de têtes mais a néanmoins diminué de valeur ; le colon, qui, en connaissance de cause, dispose frauduleusement des têtes dont le troupeau s'est accru, commet-il le délit d'abus de confiance ? Cette hypothèse semble s'écarter des termes de l'article 408 du Code pénal, mais l'affirmative est la déduction rigoureuse de cette idée que le cheptel remis est un cheptel d'une valeur déterminée.

(2) Voir, sur la cause de cette indivision, ci-dessus, nº X, pages 123 et suivantes.

La Cour de Limoges a rendu un arrêt en ce sens le 28 juillet 1888 (1).

§ 2. — Du cheptel fourni à moitié par le propriétaire et le colon partiaire.

Le cheptel est quelquefois fourni moitié par le propriétaire, moitié par le métayer (2). Le cheptel à moitié est une association ; l'article 1818 le dit expressément : « le cheptel à moitié est une société dans laquelle chacun des contractants fournit la moitié des bestiaux, qui demeurent communs pour le profit ou pour la perte ».

(1) *Affaire Lamiche*, D. 1890. 2. 91. Il est inutile de faire remarquer que, si nous admettons la solution donnée sur ce point par l'arrêt de la Cour, nous repoussons absolument sa déclaration de principe, même très atténuée : « attendu que le bail à colonage participe du contrat de société en ce sens que le croît du cheptel appartient par indivis au maître et au colon.... ».

Nous disons *même très atténuée*, car il nous semble que si la Cour avait maintenu dans son intégrité sa première jurisprudence elle aurait pu motiver ainsi son arrêt :

Attendu que le bail à colonage est une véritable association entre le propriétaire qui apporte la jouissance de son fonds et le colon qui apporte son travail et son industrie ;

Attendu que si l'article 408 vise, en ce qui concerne le détournement des choses remises, la violation des contrats de louage, dépôt, mandat, etc.., il ne vise aucunement la violation du contrat de société, — décide que le détournement frauduleux du cheptel, tant de la souche que du croît, par le colon partiaire ne saurait, dans aucun cas, constituer le délit d'abus de confiance.

C'eût été logique.

(2) Cet usage serait fréquent dans la Lozère, le Maine-et-Loire, la Mayenne, le Morbihan, la Nièvre, les Pyrénées-Orientales, la Savoie, les Deux-Sèvres, le Tarn, la Vaucluse et la Vendée.

La perte totale, comme la perte partielle, est supportée en commun par les deux parties.

Quoique ce contrat soit une société, le bailleur à métairie pourra stipuler une certaine partie des laitages et plus de la moitié de la laine et du croît, parce que, ce cheptel étant l'accessoire d'un contrat de bail à métairie, le colon pourra trouver des compensations empêchant la convention de devenir une société léonine. « Le preneur, dit l'article 1819, profite seul comme dans le cheptel simple du laitage, du fumier et des travaux des bêtes. — Le bailleur n'a droit qu'à la moitié des laines et du croît. — Toute convention contraire est nulle, à moins que le bailleur ne soit propriétaire de la métairie dont le preneur est fermier ou colon partiaire ».

Toutes les autres règles du cheptel simple s'appliquent au cheptel à moitié (art. 1820).

CHAPITRE III

EFFETS DU BAIL A COLONAT PARTIAIRE

Les effets du contrat de métayage seront quelquefois réglés par la convention, et ce sera le meilleur
moyen d'éviter toutes difficultés ; la convention dans
ce cas sera la loi des parties.

Lorsque les parties ne se seront pas expliquées sur
leurs obligations réciproques, les effets du contrat
seront réglés par les dispositions de la loi du 18 juillet 1889 et par celles du Code civil qui sont restées
en vigueur.

Enfin, en cas de silence de la convention et de
la loi, ou lorsque la loi y renvoie de préférence à ses
dispositions il y aura lieu de se conformer aux usages
locaux.

SECTION Ire

Obligations qui résultent du contrat.

[§ 1. — **Obligations du bailleur.**

Le bailleur contracte l'obligation de procurer au preneur pendant toute la durée du bail la jouissance paisible de la métairie.

L'article 3 de la loi du 18 juillet mentionne cette obligation en ces termes : « Le bailleur est tenu à la délivrance et à la garantie des objets compris dans le bail. Il doit faire aux bâtiments toutes les réparations qui peuvent devenir nécessaires. Toutefois les réparations locatives ou de menu entretien qui ne sont occasionnées ni par la vétusté, ni par la force majeure, demeurent, à moins de stipulation ou d'usage contraire, à la charge du colon ».

C'est la reproduction des règles du bail à ferme. Il est à remarquer cependant que la jouissance du métayer n'est pas aussi indépendante que celle du fermier. Le propriétaire garde, vis-à-vis de son colon partiaire, un pouvoir de surveillance et de direction générale sur l'exploitation du domaine.

Cette obligation principale du bailleur comprend les trois obligations suivantes :

1° Délivrer la métairie ;

2° L'entretien pendant la durée du bail ;

3° En procurer la jouissance paisible.

I. *Délivrance de la métairie*. — Le bailleur doit délivrer la métairie et tout ce qu'elle comporte, en bon état et à l'époque fixée par la convention ou par l'usage.

C'est l'entrée en jouissance du colon.

La délivrance de la métairie n'est complète qu'autant qu'elle comprend tous les accessoires nécessaires à l'exploitation : bestiaux, pailles, fourrages, engrais, instruments aratoires, cuviers, pressoirs, etc..., selon l'usage ou la convention.

La métairie doit être délivrée avec la contenance indiquée. Si la contenance est moindre, il ne saurait être question de diminution de prix comme dans le bail à ferme, puisque le prix toujours proportionnel au rendement annuel se réduit de lui-même. Toutefois le colon pourra demander la résiliation, si la différence entre la mesure indiquée et la contenance réelle est telle que, si le colon l'eût connue, il n'eut point fait le bail : tel serait le cas où le domaine serait trop réduit pour pourvoir à la subsistance du colon et de sa famille, ou même pour leur procurer un travail suffisant. Il y aurait en effet, dans ce cas, erreur sur une qualité substantielle de la chose louée. Il pourrait en être de même si la contenance était de beaucoup supérieure à l'étendue indiquée.

La métairie doit être en bon état de réparations de toute sorte ; il n'y a pas à distinguer comme pendant le bail entre les réparations locatives et celles qui n'ont point ce caractère. Le colon doit veiller à l'exécution de cette obligation ou demander à ce qu'il soit dressé un état des lieux. Tenu des réparations locatives durant le cours du bail, il devra, à la fin du bail, restituer la métairie en bon état de réparation, comme il est censé l'avoir reçue, sauf preuve contraire.

Enfin le bailleur est obligé de remettre la métairie au colon à l'époque indiquée par la convention ou fixée par l'usage (1).

II. *Entretien de la métairie*. — Il ne suffit pas que le bailleur ait mis le colon en possession du domaine ; son obligation n'est pas susceptible de s'exécuter en une fois ; c'est une obligation successive, qui dure autant que le bail. Jusqu'à la fin du bail le propriétaire doit procurer la jouissance utile de la chose louée et par conséquent l'entretenir en état de servir à l'usage pour lequel elle a été louée.

Il doit donc faire aux bâtiments de la métairie les réparations nécessaires pour tenir, selon l'expression de Pothier, le preneur *clos et couvert* et mettre les bestiaux et les récoltes à l'abri des intempéries et des tentatives de vol. L'article 3, en ne parlant que des réparations à faire aux bâtiments, n'a évidemment rien de limitatif. Le bailleur doit entretenir les puits, abreuvoirs, digues, fossés ou canaux d'assainissement ayant pour objet une amélioration permanente du sol, et, en un mot, faire toutes les réparations nécessaires qui n'ont pas le caractère de réparations locatives.

(1) Les dates les plus usuelles sont celles qui, suivant les contrées et les cultures, coïncident avec les époques où les travaux des champs sont les moins abondants :

C'est le 11 novembre (baux de la St-Martin) ; 1er novembre (Toussaint) ; 29 septembre (St-Michel) ; 25 décembre (Noël) ; 25 mars (Notre-Dame de Mars) ; 25 juin (St-Jean).

Le bailleur est responsable des lenteurs qu'il met à faire exécuter les réparations nécessaires, et, s'il en résulte quelque préjudice pour le colon, ce dernier pourra obtenir des dommages et intérêts (1). Le colon pourra également, en cas de refus du propriétaire, se faire autoriser judiciairement à exécuter, aux frais de ce dernier, des réparations urgentes. S'il y procède de lui-même et sans autorisation judiciaire, il pourra, d'après les principes du quasi-contrat de *gestion d'affaires*, obtenir le remboursement des réparations utiles ou nécessaires.

De son côté, le colon est obligé de souffrir les réparations urgentes qui ne sauraient être différées jusqu'à la fin du bail. Selon la remarque de Pothier (2), il savait bien que la métairie pouvait avoir besoin de réparations pendant le cours du bail ; il est censé avoir consenti à en subir les inconvénients. Toutefois cette obligation doit être entendue dans une juste mesure ; et le juge pourra apprécier en équité si les réparations apportent à la jouissance un trouble assez grave pour motiver la résiliation du bail.

Il arrive très souvent, dit Meplain (3), que le contrat oblige le métayer à prêter son concours à des réparations qui devraient être exclusivement à la charge du bailleur. Ainsi, lorsque les toits sont en chaume, on convient qu'une certaine quantité de paille sera

----

(1) Douai, 24 mars 1847 (Sir., 1848, 2, 189); Pau, 17 mai 1865 (Sir., 1865, 2, 199).
(2) Pothier, *Du louage*, n° 77.
(3) Meplain, n° 142.

prélevée sur celle de la récolte de l'année, pour leur entretien. On ajoute même que le métayer nourrira les couvreurs. Enfin on stipule qu'il fera, avec les bestiaux du domaine, les charrois nécessaires pour les réparations.

L'obligation d'entretenir la métairie s'étend incontestablement à tout ce que comporte cette métairie, à tous *les objets compris au bail,* comme dit fort bien l'article 3 ; et l'on ne conçoit guère qu'il ait pu s'élever une controverse sérieuse au sujet des pailles et fourrages.

Ces pailles et fourrages sont indispensables à l'exploitation du domaine. Ils constituent la nourriture des bestiaux et fournissent les semences et les engrais. Le bailleur les a délivrés avec la métairie, et ils devront, et sans indemnité dans la même mesure, lui être restitués avec elle. De par la loi, ils sont immeubles comme le fonds auquel ils sont attachés et en font partie intégrante. S'ils viennent à disparaître par suite d'un cas de force majeure, d'un incendie, d'une inondation, d'une sécheresse, leur remplacement tombe évidemment à la charge du bailleur, obligé qu'il est de procurer au colon, pendant toute la durée du bail, la jouissance de la métairie.

Le bailleur, depuis la loi de 1889, peut, il est vrai, demander la résiliation (1) ; mais quel intérêt y trou-

---

(1) Article 8 : Si, pendant la durée du bail, les objets qui y sont compris sont détruits en totalité par cas fortuit, le bail est résilié de plein droit. S'ils ne sont détruits qu'en partie, le bailleur peut se refuser à faire les réparations et dépenses nécessaires

verait-il ? un changement de colon ne ferait point disparaître la charge qui lui incombe. Son obligation, vis-à-vis d'un nouveau colon, n'en apparaîtrait que plus indiscutable : car l'on ne conçoit pas qu'une métairie puisse se louer sans ses pailles et fourrages.

M. Guillouard (1) prétend cependant que l'achat des pailles et fourrages doit être fait exclusivement aux frais du colon : « Lui seul, en effet, dit-il, est chargé de la culture de la ferme, et les dépenses que cette culture entraîne sont à sa charge exclusive à moins d'une convention contraire ; que les frais de l'exploitation soient considérables ou qu'ils soient peu importants ; qu'ils soient augmentés ou non par un cas de force majeure, il importe peu, ils incombent au preneur seul ».

La théorie de M. Guillouard est parfaitement exacte en ce qu'elle établit que les charges de la culture incombent au preneur seul ; elle est inexacte en ce qu'elle comprend dans les frais de culture les dépenses pour le remplacement des pailles et fourrages, qui sont un élément de la chose louée.

M. Meplain (2), qui voit dans le colonat partiaire

pour les remplacer et les rétablir. Le preneur et le bailleur peuvent dans ce cas, suivant les circonstances, demander la résiliation. Si la résiliation est prononcée à la requête du bailleur, le juge appréciera l'indemnité qui pourrait être due au preneur, conformément au deuxième paragraphe de l'article 7 de la présente loi.

(1) Guillouard, *Louage*, II, n° 620.

(2) Meplain, n° 192. — Dans les termes où elle est formulée, l'opinion de Meplain ne saurait se soutenir, il nous semble, depuis la nouvelle loi : L'article 1859 est hors de cause puisqu'on y renvoie pas, et l'article 8 de la loi consacre une règle absolument

une association, renvoie purement à l'article 1859,
§ 3 : « Chaque associé a le droit d'obliger ses co-asso-
ciés à faire avec lui les dépenses qui sont nécessaires
à la conservation des choses de la société ». Le colon
et le propriétaire devront y contribuer pour moitié.

M. Rerolle (1), sans adopter les mêmes motifs, se
range au même avis, par considération d'équité ; le
colon, ajoute-t-il, n'obtiendrait pas la libération que
la loi lui accorde en cas de perte des récoltes par force
majeure, soit avant, soit après leur séparation du sol,
s'il était obligé de les remplacer à ses frais.

M. Rerolle ne s'aperçoit pas que le reproche qu'il
fait à l'opinion de Guillouard combat également la
sienne : puisque le cas de force majeure libère absolument le colon, il est tout aussi illogique de le faire
contribuer au remplacement des choses perdues que
de laisser à sa charge le remplacement intégral.

Il n'y a rien de contraire à l'équité à ce qu'il en soit
ainsi ; il est juste que le remplacement intégral des
pailles et fourrages, dans la mesure où ils sont indispensables à la métairie, soit à la charge du bailleur,
puisqu'ils doivent lui rester en totalité à la fin du bail.
Cette hypothèse est la même que celle de la recons-
truction d'un bâtiment d'exploitation qui pendant la
durée du bail profite autant au colon qu'au bailleur.

Pratiquement d'ailleurs cette difficulté ne saurait

contraire aux principes du contrat de société en permettant à
chaque partie d'obtenir la résiliation du bail, de dénoncer le
contrat à un moment inopportun.

(1) L. Rerolle, *op. cit.*, p. 356.

se soulever ; si un bailleur émettait jamais la prétention d'obliger son colon à remplacer entièrement les
pailles et fourrages détruits, ou à y contribuer pour
moitié, ce dernier y échapperait bien vite en demandant la résiliation prévue par l'article 8 et, avant la
loi de 1889, par l'article 1722 du Code civil.

III. *Garantie de la jouissance paisible de la métairie.*
— Obligé de procurer au colon partiaire une jouissance paisible, le bailleur doit répondre des vices de
la chose ; il doit aussi le garantir des troubles provenant du fait des tiers, et, à plus forte raison, de son
fait personnel.

Vices ou défauts de la métairie. — Il doit garantie
pour les vices ou défauts de la métairie, soit qu'il les
ait connus ou ignorés, soit que ces vices aient existé
au moment du contrat ou soient survenus depuis :
son obligation est une obligation successive et il ne
peut être libéré par la délivrance.

Toutefois si les vices ou défauts étaient tellement
apparents qu'il fut inadmissible que le preneur les eût
ignorés et n'en eût point tenu compte en passant bail,
il ne serait point dû garantie à leur occasion, parce
que le preneur serait censé y avoir renoncé.

Ce tempérament à l'obligation de garantie admis
par la jurisprudence et la plupart des auteurs (1), en
face de la rédaction étroite de l'article 1721, s'impose
avec la rédaction de l'article 3.

Les vices ou défauts pour donner lieu à l'action en

____

(1) En sens contraire : Colmet de Santerre, VII, nᵒ 242 bis ;
Laurent, XXV, nᵒ 116.

garantie doivent être tels qu'ils causent un préjudice matériel, une diminution de la jouissance utile ; ils n'y donneraient pas lieu s'ils rendaient seulement l'habitation moins agréable ou l'exploitation moins commode (1).

Par le recours en garantie, le colon obtiendra, suivant les circonstances, soit la résiliation du bail avec ou sans dommages et intérêts, soit des dommages-intérêts seulement.

Il est dû garantie, avons-nous dit, pour les vices ou défauts, même ignorés par le bailleur ; mais s'il résulte de ces vices quelque perte pour le colon, le bailleur, *nonobstant sa bonne foi*, sera-t-il tenu de l'indemniser, comme dans le bail à ferme, conformément à l'article 1721, alinéa 2 ? Nous ne le pensons pas. Sans doute la garantie due par le propriétaire dans le bail à colonat n'est pas une garantie temporaire comme celle du vendeur, mais une garantie continue comme celle de tout bailleur de fonds ; néanmoins l'analogie, dans les deux cas, est frappante ; d'autre part, l'esprit général de la loi de 1889 est d'écarter toutes les dispositions particulières au bail à ferme pour lesquelles il n'est point fait de renvoi spécial, et l'article 3 ne renvoie point à l'article 1721 du Code civil. Nous estimons donc qu'il y a lieu de se conformer au droit commun en matière de garantie (art. 1646 et 1150).

___

(1) Les apparitions de revenants, auxquelles les habitants des campagnes restent si obstinément crédules, ne sauraient motiver une demande de résiliation basée sur l'obligation de garantie du bailleur.

On peut citer, comme exemple de vices de la chose
louée, les vices de construction dans les bâtiments,
les vices rédhibitoires des animaux donnés à cheptel,
les maladies des vignes, l'existence de plantes vénéneuses dans les pacages, la présence sur le domaine de
lapins ou autres animaux qui détruisent les récoltes.

Troubles provenant du fait des tiers. — Le bailleur
doit garantir le colon contre les troubles que les tiers
peuvent apporter à sa jouissance.

Mais il faut distinguer entre les troubles de fait et
les troubles de droit ; ces derniers engagent seuls la
responsabilité du bailleur. Cette distinction n'est pas
faite par la nouvelle loi, mais elle s'impose, de toute
évidence, comme dans le bail à ferme.

Le trouble de droit est celui qui, sous forme d'action intentée en justice ou même de voie de fait, est
causé par un tiers qui prétend avoir un droit sur la
chose : droit de propriété, d'usufruit, de servitude.
Le colon doit prévenir le bailleur et celui-ci faire cesser le trouble. Si le colon est cité en justice, il peut
se retirer en faisant connaître son bailleur, ou rester
en cause en l'appelant en garantie.

Si le tiers triomphe et que l'éviction soit totale, le
bail est résilié de plein droit et le preneur a droit à des
dommages-intérêts. Si l'éviction n'est que partielle,
elle peut entraîner suivant les circonstances soit la
résiliation du bail, soit des dommages-intérêts seulement.

Le trouble de fait est une simple voie de fait,
délit ou quasi-délit, de la part d'un tiers qui ne pré-

tend à aucun droit sur la chose louée ; tel serait le cas de vol des récoltes, de conduite de troupeaux sur les pacages de la métairie. Ces troubles de fait sont moins dirigés contre la chose elle-même que contre la jouissance, et c'est au preneur à les réprimer et à les prévenir par sa vigilance.

Le preneur agira en son nom personnel contre les auteurs du délit ou quasi-délit, et comme le propriétaire, dans le bail à métairie, supporte la moitié du préjudice causé, il aura également le droit d'en poursuivre pour sa part la réparation.

Trouble provenant du fait personnel du bailleur. — Le bailleur ne doit rien faire qui puisse entraver ou diminuer la jouissance du preneur : il ne peut constituer de servitudes passives, ni renoncer à des servitudes actives ; il ne peut détacher aucune parcelle de la métairie pour agrandir son parc ou sa réserve (1) ; il ne peut envoyer pacager le bétail de sa réserve sur les terres de la métairie, cueillir des fruits, couper des arbres frugifères ou des taillis. Mais il peut faire enlever les arbres qui ne donnent aucun produit et qui nuisent au contraire à l'agriculture.

Il a le droit de se promener sur le domaine et de visiter les bâtiments d'exploitation ; c'est l'exercice même de son droit de surveillance.

Il ne peut, sans l'assentiment du colon, sauf convention ou usage contraires, changer la forme de la chose louée ; il ne peut, par exemple, transformer des

(1) Dans l'ancien droit, le bailleur pouvait le faire pour une petite parcelle de la métairie (Pothier, n° 75).

étangs en prairies, des terres labourables en vignes ou en bois.

Ce principe toutefois doit être concilié avec le droit de direction générale de l'exploitation que la loi reconnaît au bailleur.

Paiement de la contribution foncière. — L'impôt foncier est une charge de la propriété ; il doit, sauf convention ou usage contraires (1), être acquitté par le bailleur (2). La loi de frimaire an VII, article 147, décide que les locataires et fermiers seront tenus de payer à l'acquit des propriétaires et usufruitiers la contribution foncière, sauf à se faire tenir compte ultérieurement du montant de la quittance.

§ 2. — Obligations du colon partiaire.

Cette matière est réglée par l'article 4 de la nouvelle loi et par les articles 1730, 1731, 1766, 1768, 1777 et 1778 du Code civil auxquels il est fait renvoi (art. 4 et 13) et par l'article 1763.

L'article 4 est ainsi conçu : « Le preneur est tenu » d'user de la chose louée en bon père de famille, en » suivant la destination qui lui a été donnée par le » bail ; il est également tenu des obligations spéci-

______

(1) Dans le centre de la France, l'usage le plus général est que la contribution foncière est supportée par le bailleur et le colon. Dans quelques départements de l'Ouest, comme la Mayenne, la Vendée, la Vienne, il est payé intégralement par le colon.

(2) En sens contraire, Meplain, n° 208 ; Dalloz, J. G., V° *Louage à colonat partiaire*, 20.

» fiées pour le fermier par les articles 1730, 1731 et
» 1768 du Code civil.

» Il répond de l'incendie, des dégradations et des
» pertes arrivées pendant la durée du bail, à moins
» qu'il ne prouve qu'il a veillé à la garde et à la con-
» servation de la chose en bon père de famille.

» Il doit se servir des bâtiments d'exploitation qui
» existent dans les héritages qui lui sont confiés, et
» résider dans ceux qui sont affectés à l'habitation ».

Les diverses obligations dont est tenu le colon partiaire peuvent se ramener à trois obligations principales :

1° User de la chose louée en bon père de famille,
en suivant la destination qui lui a été donnée par le
bail.

2° Partager les produits de l'exploitation dans la
proportion convenue et fournir les autres prestations
accessoires.

3° Restituer, à sa sortie, la métairie et tous les objets compris au bail.

I. *Obligation d'user de la chose louée en bon père de
famille, en suivant la destination qui lui a été donnée par le bail.*

Cette première obligation est féconde en conséquences ; le métayer doit :

1° Cultiver en bon père de famille ;

2° Ne pas changer la destination de la chose louée ;

3° Ni sous-louer ni céder son bail ;

4° Habiter la métairie ;

5° Garnir la métairie des bestiaux et instruments que l'usage ou la convention mettent à sa charge ;

6° Faire les réparations locatives ;

7° Engranger dans les lieux à ce destinés ;

8° Avertir le propriétaire des usurpations :

9° Acquitter les impôts qui sont une charge de sa jouissance.

1° *Le colon doit cultiver en bon père de famille.* — Cultiver est la plus évidente des obligations du métayer ; elle est mentionnée dans l'article premier de la loi et dans l'article 1766 du Code civil, et incombe nécessairement à tout preneur d'un héritage rural.

Elle est toutefois plus stricte pour le métayer que pour le fermier. Non seulement les terres en friche se détériorent par l'envahissement des mauvaises herbes ; mais tout abandon de culture, dans le bail à colonat, cause au bailleur un préjudice immédiat, en diminuant sa part dans le revenu. Le fermier, au contraire, ne peut être inquiété, s'il paye régulièrement ses fermages et si, d'autre part, le défaut de culture n'est pas assez considérable pour diminuer la valeur de l'immeuble, car il ne nuit qu'à lui-même.

Le métayer doit cultiver et il doit le faire avec tous les soins d'un bon père de famille ; c'est sur ce point surtout que son obligation est plus étroite que celle du fermier. La raison en est que le fermier ne doit qu'un prix fixe, sans rapport avec les variations du rendement, et que le métayer doit partager avec le bailleur les résultats de l'exploitation.

Il est bien difficile d'indiquer, en pratique, ce que

comporte une telle obligation. La culture demande des opérations trop nombreuses, elle s'applique à des objets trop divers pour qu'il soit possible d'énumérer tout ce que le colon doit faire et tout ce dont il doit s'abstenir. C'est à l'usage suivi dans chaque localité qu'il faut s'en rapporter pour savoir si le colon a rempli convenablement cette obligation.

D'une façon générale il doit façonner les terres en temps et saisons, ne pas les épuiser, donner aux labours la profondeur voulue, détruire les mauvaises herbes, fumer en quantité suffisante, ensemencer ; faucher, irriguer, faire pâturer les prairies en temps opportun ; entretenir les vignes d'échalas, les provigner, ne pas leur faire une taille trop longue ; couper, en se conformant aux usages locaux, les arbres sujets à retaille et les haies vives dont le produit, après avoir servi à clore les héritages, lui appartient en propre ; ne pas divertir ou gaspiller les pailles et fourrages, mais les faire consommer sur la métairie en temps opportun (1).

2° *Le métayer ne doit pas changer la destination de la chose louée.* — Il doit employer la chose louée à l'usage auquel elle est destinée par le bail. Il lui est interdit de modifier l'ordre des assolements et la nature des terres. Sur ce point encore, et pour les mêmes motifs, l'obligation du fermier comporte une certaine latitude dont le métayer ne saurait s'autoriser, d'au-

---

(1) Voir, en ce sens, un arrêt de la Cour de Lyon du 4 février 1885 (*Moniteur judiciaire de Lyon*, 18 avril 1885).

tant plus que la direction générale de l'exploitation appartient au propriétaire.

Il manquerait à cette obligation en étendant les cultures jardinières ou autres dont il a la jouissance exclusive au détriment de celles qui se partagent.

Ce serait un grave manquement à cette règle que d'employer les bestiaux en dehors de la culture du domaine, ou bien d'étêter des arbres non destinés à l'être.

Il a été jugé également que le métayer y contrevient en préparant pour le concours des animaux destinés à être engraissés pour la vente (1).

3° *Le métayer obligé de cultiver personnellement ne peut ni sous-louer ni céder son bail.* — Le bail à colonat partiaire, nous l'avons dit, n'est pas un louage à prix fixe, comme le bail à ferme, mais un louage à prix proportionnel ; la part de récoltes que reçoit le propriétaire varie nécessairement avec les soins donnés à la culture ; l'intelligence du colon, sa probité, ses qualités professionnelles sont d'une importance capitale ; le contrat est fait *intuitu personnæ* ; le colon, en s'engageant à cultiver la métairie, a contracté *une obligation de faire* ; il ne peut la restreindre ni s'en décharger.

Il doit tout son temps à la métairie ; le bailleur serait frustré dans ses légitimes espérances si le colon le consacrait en partie à travailler au dehors, à s'employer comme journalier, à faire des charrois, des

(1) Tribunal de Roanne, 13 décembre 1883 (*Gazette du Palais,* 1, 20, sup.).

labours, pour bénéficier d'un gain personnel, au grand détriment de la prospérité de l'exploitation.

Il ne peut sous-louer ni céder son bail, si la faculté ne lui en a été expressément accordée par le bail. Le bailleur a droit à l'industrie du colon qu'il a choisi ; il ne peut être obligé de subir un inconnu auquel il n'eût point loué peut-être, ni fait des conditions aussi avantageuses.

L'article 1764 apporte une sanction rigoureuse à cette prohibition : « En cas de contravention, le bailleur a le droit de rentrer en jouissance et le preneur est condamné aux dommages-intérêts résultant de l'inexécution du bail. »

On s'accorde généralement à reconnaître au juge le droit d'y apporter un certain tempérament et de refuser la résiliation, si le colon, avant la demande du bailleur, a repris la culture, en expulsant le cessionnaire, ou si, depuis la demande, il offre de faire cesser la sous-location ou la cession et en établissant d'ailleurs qu'il n'y a jusqu'alors aucun préjudice causé. L'article 1764 n'est, comme l'article 1766, qu'une application de l'article 1184, qui domine toute la matière des obligations. Pour admettre qu'il apporte une dérogation au droit commun, en enlevant au juge tout pouvoir d'appréciation, il faudrait une mention expresse qui n'existe pas (1).

Cette prohibition de sous-louer ou céder son bail ne fait pas obstacle à ce que le colon prenne des auxiliaires salariés, domestiques ou journaliers, ou s'as-

____

(1) Guillouard, n° 627.

socie des tiers dans les charges de l'exploitation et dans les bénéfices qui lui reviennent. Ces associés ne sont des associés que vis-à-vis du colon ; le bailleur n'a pas lieu de se plaindre d'une association qui ne modifie en rien la nature de ses droits et de ses rapports avec le colon, et qui, loin de lui nuire, lui garantit de meilleures récoltes.

Ces associations très fréquentes autrefois donnaient les meilleurs résultats. Le colon s'associait généralement ses frères, ses enfants quand ils se mariaient ; on les désignait sous le nom de *personniers*.

4° *Le métayer doit habiter la métairie*. — Cette obligation est expressément formulée dans le paragraphe 3 de l'article 4 : « Il doit se servir des bâtiments d'exploitation qui existent dans les héritages qui lui sont confiés, et résider dans ceux qui sont affectés à l'habitation ».

L'exploitation de la métairie, dans ses mille détails, demande des soins de tous les instants et une surveillance sans relâche ; le métayer s'en acquitterait mal s'il résidait en dehors de la métairie ; il ne cultiverait pas en bon père de famille.

Le droit de surveillance du bailleur lui permet de contrôler dans une certaine mesure la conduite du métayer ; ce contrôle deviendrait inefficace s'il résidait dans une habitation éloignée de la métairie, et une foule de petits détournements pourrait s'opérer presque quotidiennement sans qu'il fût possible de les réprimer.

5° *Le métayer doit garnir la métairie des bestiaux et*

instruments que la convention ou l'usage mettent à sa charge. — C'est là une obligation que l'article 1766 met à la charge de tout preneur d'un héritage rural et qui a pour but d'assurer l'exercice du privilège du bailleur.

Toutefois si l'obligation existe en principe, l'usage en restreint singulièrement l'application. La pauvreté ordinaire des métayers en fait une nécessité ; et cette restriction s'explique en outre par cette considération que le colon, fournissant, chaque année, au bailleur sa quote-part de produits, est rarement débiteur de sommes considérables.

Dans la plupart des contrées, le métayer ne fournit ni le cheptel vif ni le cheptel mort.

6° *Le métayer doit engranger dans les lieux à ce destinés d'après le bail.* — L'article 1767 dit que « tout preneur de bien rural est tenu d'engranger dans les lieux à ce destinés par le bail » ; l'article 4 de la nouvelle loi mentionne implicitement cette obligation en disposant que « le preneur doit se servir des bâtiments d'exploitation qui existent dans les héritages qui lui sont confiés ».

Cette règle a un triple but :

1° Garantir la sincérité du partage en rendant toute dissimulation impossible. Le partage des céréales n'a lieu généralement qu'après le battage des grains ; jusqu'à ce moment elles restent dans les bâtiments d'exploitation, et, s'ils sont insuffisants, elles sont rangées en meules dans les champs.

2° Prévenir le détournement des pailles et fourra-

ges destinés à être consommés par le bétail de la métairie.

3° Enfin assurer l'exercice du privilège du bailleur,
qui porte non seulement sur la part du colon dans la
récolte de l'année, mais sur tous les produits des
années précédentes, tant qu'ils garnissent les lieux
loués.

7° *Le métayer est chargé des réparations locatives.*
— Cette obligation avait donné lieu à de nombreuses
controverses. L'article 3 y a mis fin, en décidant que
« les réparations locatives ou de menu entretien,
qui ne sont occasionnées ni par la vétusté, ni par la
force majeure, demeurent, à moins de stipulation ou
d'usage contraire, à la charge du colon ».

Ces menues réparations, dont il serait difficile de
préciser la cause, sont une charge de la jouissance ;
il y a, comme le fait remarquer Pothier (1), présomption de faute pour le preneur, car elles sont généralement le résultat de l'action lente de négligences
quotidiennes.

Le colon n'est chargé des réparations locatives
qu'autant qu'elles ne sont pas le résultat d'un cas de
force majeure ou de la vétusté ; c'est là une question
de fait dont le colon doit faire la preuve.

Les usages locaux, qui peuvent dispenser complètement le colon de toutes réparations locatives (2),

(1) Pothier, n° 219.
(2) Les réparations locatives sont à la charge des propriétaires
dans les départements de l'Ain, des Basses-Alpes, des Htes-Alpes,
des Alpes-Maritimes, de l'Ariège, de l'Aude, des Bouches-du-

peuvent seuls désigner celles de ces réparations qui ont ce caractère et dont il est tenu.

Celles qui sont le plus généralement reconnues comme tombant à la charge du colon sont les menues réparations à faire aux bâtiments d'exploitation, aux barres et piliers de séparation, aux échelles, crèches, rateliers, chars, aux bornes et barrières placées dans la cour ou à l'entrée (1).

Les réparations locatives à faire aux terres comprennent : l'entretien des haies et fossés, l'élagage des arbres, le curage des cours d'eau naturels ou des rigoles d'irrigation pourvu que ce curage soit périodique et n'entraîne point de frais considérables (2).

Rhône, du Cantal, de la Corrèze, de la Drôme, de la Hte-Garonne, du Gers, de la Gironde, de l'Hérault, des Landes, de la Loire, du Lot-et-Garonne, de la Lozère, des Basses-Pyrénées, des Htes-Pyrénées, des Pyrénées-Orientales, de la Saône-et-Loire, de la Savoie, du Tarn, du Tarn-et-Garonne, du Var, de la Hte-Vienne.

Elles sont à la charge du colon dans les départements de l'Allier, de l'Ardèche, de la Charente, de la Charente-Inférieure, du Cher, des Côtes-du-Nord, de la Creuse, du Gard, de l'Indre-et-Loire, de l'Isère, du Loir-et-Cher, de la Hte-Loire, de la Loire-Inférieure, du Maine-et-Loire, de la Mayenne, du Morbihan, de la Nièvre, du Rhône, des Deux-Sèvres, de la Vendée, de la Vienne, de l'Yonne.

Elles sont supportées par égales portions par le colon et le propriétaire dans les départements de l'Aveyron, de la Dordogne (Nontron), du Puy-de-Dôme, de Vaucluse ; dans l'Indre, les réparations locatives sont supportées par le colon sortant, s'il a été fait inventaire à son entrée, sinon il ne doit rien. (Rapport du comte de Tourdonnet sur l'enquête de la Société des Agriculteurs, p. 395 et suiv.)

(1) Troplong, nos 575 et suiv. ; Duvergier, t. IV, p. 38 et s.

(2) Guillouard, nos 528 à 531 ; Cass., 24 novembre 1832 (S. 33, 1, 238).

Il s'établit d'ailleurs dans la plupart des métairies des usages traditionnels que les colons connaissent et dont le juge doit tenir le plus grand compte.

Ajoutons que l'article 1er de la loi du 26 ventôse an IV et que l'article 2 de la loi du 24 décembre 1888 obligent tout preneur d'héritage à écheniller les arbres, et à exécuter les mesures prescrites par les arrêtés préfectoraux, pour arrêter et prévenir les dommages causés à l'agriculture par les insectes, les cryptogames, ou autres végétaux nuisibles.

8° *Le métayer doit prévenir le bailleur des usurpations.* — L'article 1768 s'exprime ainsi : « Le preneur d'un bien rural est tenu, sous peine de tous dépens, dommages et intérêts d'avertir le propriétaire des usurpations qui peuvent être commises sur le fonds. — Cet avertissement doit être donné dans le même délai que celui qui est réglé, en cas d'assignation, suivant la distance des lieux ».

Cette obligation du colon avait été contestée par tous ceux qui, voyant dans le métayage une association, admettaient que la jouissance du fonds restait indivise entre le propriétaire et le colon.

La loi a voulu, avec raison, que le métayer fut tenu, comme le fermier, de veiller à la conservation de la chose. La direction et la surveillance du propriétaire sont en effet beaucoup trop générale pour lui permettre de se rendre compte de tous les empiétements.

Aucune formalité n'est requise pour cet avertissement ; mais il importe qu'il soit donné sans retard, pour que l'envahisseur ne puisse acquérir la possession par la prescription annale.

9° *Le métayer doit payer les impôts qui sont une charge de jouissance.* — L'impôt des portes et fenêtres est à la charge du colon, à moins de stipulations ou d'usage contraires. L'administration se réserve de pouvoir en demander le paiement au propriétaire, mais celui-ci a son recours contre le locataire ou le colon (1).

La contribution personnelle et mobilière est due également par le colon, ainsi que les prestations exigées pour l'entretien des chemins vicinaux.

Ces *prestations* sont faites avec les animaux de la métairie ; mais, si le colon néglige de faire l'option indiquée par l'article 4 de la loi du 21 mai 1836, et se trouve obligé de fournir la prestation en argent, il n'aura aucun recours à exercer contre le propriétaire (2).

II. *Le colon partiaire doit partager avec le bailleur les produits de l'exploitation et acquitter les charges accessoires.*

1° *Partage des fruits.* — L'obligation principale du colon est de fournir au propriétaire sa part de récoltes et les diverses prestations accessoires, qui, dans

(1) « La contribution des portes et fenêtres sera *exigible* contre les propriétaires et usufruitiers, fermiers et locataires principaux des maisons, bâtiments et usines, sauf leur recours contre les locataires particuliers pour le remboursement de la somme due à raison des locaux occupés ». Loi du 4 frimaire an VII, art. 12.

(2) Bourges, 6 mai 1832 (S. 32, 2, 448).

le bail à colonat partiaire constituent le prix de la concession de jouissance.

Ce prix, dont l'élément principal est une quote-part de produits, reste un prix proportionnel, bien que, souvent, il se combine de redevances fixes en argent ou en nature. Ces dernières redevances interviennent pour ramener à l'équivalence les avantages réciproques que se font les parties, sans qu'il soit nécessaire de recourir à un partage en proportions compliquées ; leur adoption s'explique aussi, dans une certaine mesure, par l'usage et la tradition.

Le paiement de ce prix proportionnel comporte la dation d'un *corps certain* : ce que le colon doit, ce n'est pas une certaine quantité de fruits représentant en qualité comme en quantité la moitié de ceux venus sur le domaine ; c'est la moitié des fruits mêmes qui y sont recueillis ; c'est une dette de corps certain, ou plus exactement, d'une fraction de corps certain.

Ce paiement est bien un véritable paiement, un transfert de propriété du patrimoine du débiteur dans celui du créancier : en effet, dès qu'ils sont séparés de la terre, les fruits, distincts de la chose du propriétaire, appartiennent au colon ; le colon les acquiert par la perception, car percevoir les fruits, c'est l'objet et la réalisation même de son droit personnel de jouissance.

L'acquisition des fruits par la perception compète à tous ceux qui, sans être propriétaires, ont la jouissance d'un fonds frugifère, que cette jouissance soit la conséquence d'un droit réel, d'une délégation de la loi ou de la délégation du propriétaire lui-même, que les ayants droit soient usufruitiers, possesseurs de bonne foi, fermiers ou colons partiaires. Tel est le principe, et depuis les lois romaines jusqu'à la dernière loi, il n'y a pas été dérogé en ce qui concerne le métayage.

Le métayer possède pour le propriétaire sans doute, mais comme le fermier ; pourquoi ne ferait-il point les fruits siens, comme le fermier ? Si le métayer n'acquérait point les fruits par la perception, vraisemblablement, ils resteraient au propriétaire ; et d'où viendrait alors le droit du colon à la moitié des fruits ? Pour ne pas reconnaître que le côlon paye le prix de la location de la terre, il faudrait admettre que c'est le propriétaire qui donne la moitié des fruits et qui paye le prix d'un louage de travail — à moins de recourir à la prosopopée de Troplong et de faire payer le prix par la terre elle-même !

Cette obligation de donner une quote-part de fruits existe dès la formation du contrat, mais ne devient éxécutoire, n'est parfaite, en un mot, qu'après la perception, lorsque les fruits existent et sont livrables.

Dès ce moment, avant toute livraison, le bailleur, créancier de corps certain, en acquiert la propriété par l'effet de la loi elle-même (art. 1138).

La récolte entière se trouve ainsi la copropriété des deux parties, et le partage intervient pour faire cesser l'indivision (1).

______

(1) Cette théorie — qui démontre que dans le bail à colonat partiaire il y a réellement paiement d'un prix, — qui explique

Avant de faire la levée des récoltes, le colon doit prévenir le bailleur ; c'est lui en effet qui a la direction générale de l'exploitation, et il importe qu'il puisse, à ce moment surtout, surveiller les opérations et sauvegarder ses intérêts.

En principe, ce partage doit avoir lieu immédiatement après la perception des fruits ; mais, en fait, il est généralement retardé jusqu'après le battage des céréales ou la transformation du raisin en vin.

Les lots sont faits par le colon, après le prélèvement des semences pour l'année courante. Le propriétaire choisit le lot qui lui convient le mieux, et l'autre appartient au colon, à moins que l'une ou l'autre des parties réclame le tirage au sort des lots.

Le colon, s'il n'y a convention ou usage contraire, n'est pas tenu seul d'effectuer le battage des grains ; les frais en sont supportés par les deux parties proportionnellement à leur part.

Quoique le prix soit quérable et non portable, les usages locaux mettent généralement à la charge du

juridiquement comment le paiement de ce prix se fait par un partage entre débiteur et créancier, — qui prend sa base dans l'intention des parties qui ont voulu faire un louage, et non un contrat différent ou un contrat mixte ou innommé s'en rapprochant plus ou moins, — qui se conforme aux règles du titre même sous lequel le Code civil a placé ce contrat, — et qui est en même temps la déduction rigoureuse des principes généraux du droit sur l'acquisition des fruits et l'effet des conventions, — s'impose, il nous semble, comme l'expression même de la vérité ; et, s'il est quelque chose qui nous étonne, c'est que dans une longue controverse qui a, jusqu'à ce jour, divisé les auteurs et la jurisprudence, cette explication n'ait été ni donnée ni prévue.

colon la conduite au domicile du bailleur de la part de récolte qui lui revient. Ce dernier ne peut aggraver cette charge en prenant, pendant le bail, un domicile plus éloigné. Le point de savoir si l'augmentation de distance est assez considérable pour que le colon puisse se refuser à faire les charrois, est une question de fait laissée à l'appréciation du juge (1). Quelquefois, c'est au marché le plus voisin de la métairie que le colon doit transporter la part du propriétaire.

Dans le bail à ferme, lorsque la moitié au moins des récoltes a été détruite par cas fortuit, avant que les fruits aient été séparés du sol, le preneur peut demander une diminution de prix. Cette règle suppose une redevance fixe et ne peut s'appliquer au bail à colonat ; c'est ce que décident l'article 1771 du Code civil et l'article 9 de la nouvelle loi. Il n'y a pas d'ailleurs à distinguer entre la perte des récoltes avant leur séparation du sol ou après cette séparation. Dans tous les cas, la réduction s'opère d'elle-même puisque le prix est proportionnel au rendement et que la perte du corps certain libère le débiteur. « Chacun d'eux, dit l'article 9, supporte sa portion correspondante dans la perte commune ».

Toutefois, si le métayer était en demeure de délivrer la portion de récolte du bailleur, la perte serait exclusivement à sa charge, car la demeure met les risques à la charge du débiteur (art. 1138, al. 2).

Mais, même dans ce cas, il y aurait lieu d'appli-

(1) Duvergier, t. IV, nº 127 ; Pothier, nº 137 ; Guillouard, nº 220 ; Laurent, XXV, nº 238.

quer le tempérament de l'article 1302 : « Lors même
que le débiteur est en demeure, et s'il ne s'est pas
chargé des cas fortuits, l'obligation est éteinte dans le
cas où la chose fût également périe chez le créancier
si elle lui avait été livrée ».

2° *Prestation colonique.* — Le métayer doit s'acquitter en outre des diverses redevances accessoires
que le contrat lui impose. Presque toujours il doit
fournir une certain nombre d'œufs et de volailles.
Dans quelques contrées, le bailleur a le droit de prélever avant partage, une gerbe sur dix, ou même le
dixième de tous les produits. Lorsque le colon doit
payer annuellement une certaine somme d'argent,
cette redevance porte le nom de prestation colonique.

La prestation colonique se paye, soit à l'expiration de chaque année de bail, soit après chaque récolte perçue. Dans ce dernier cas, il peut arriver
qu'elle soit due par un colon qui a déjà quitté la métairie, et elle doit être payée au moment où il vient
enlever la récolte qu'il a préparée.

Le colon, victime d'un cas fortuit qui a fait périr
plus de la moitié des récoltes, peut-il, par analogie de
ce qui a lieu dans le bail à ferme, demander une
réduction correspondante de la prestation colonique ?
Y a-t-il lieu de distinguer entre la partie de la prestation qui correspond au loyer de l'habitation ou à la
part contributive du colon à l'impôt foncier, et celle
qu'il paye en raison de la fertilité de la terre ? Nous
ne le croyons pas. La détermination de la part de la
prestation colonique qui est payée à cause de la terre

serait forcément arbitraire, puisque les parties ne l'ont point prévue. C'est à tort que, dans ce cas, l'administration de l'enregistrement, pour percevoir un droit proportionnel, soutient que le métayage se combine de fermage ; les prestations accessoires font partie intégrante de la redevance et ne sauraient constituer un bail à ferme. Dans l'intention des parties, ces prestations accessoires sont invariables et ne doivent point se modifier selon le résultat des récoltes. La loi de 1889, dans ses termes généraux, semble repousser toute interprétation contraire. « Si dans le cours de la jouissance, dit l'article 9, la totalité ou une partie de la récolte est enlevée par cas fortuit, le colon n'a pas d'indemnité à réclamer du bailleur.... »

Enfin la prestation colonique réprésenterait-elle le prix d'un véritable bail à ferme que les motifs sur lesquels se fondent les articles 1769 et 1770 pour accorder au fermier une réduction de prix n'existeraient point : même au cas bien extraordinaire de perte totale de la récolte, le colon n'aurait pas à en supporter *plus de la moitié*, puisque cette perte est partagée par le bailleur.

3° *Journées de travail, charrois.* — Dans beaucoup de métairies, le colon doit fournir au propriétaire un certain nombre de journées de travail, ou faire pour lui des charrois extraordinaires. Le nombre en peut être déterminé ou indéterminé.

Lorsque le nombre n'en est pas limité par le contrat ou l'usage, le colon a le droit de demander que le nombre en soit fixé judiciairement. Le colon n'a pas pu entendre se mettre à l'entière disposition du propriétaire. Cette clause, comme toute autre, doit être interprétée de bonne foi ; elle ne peut pas aboutir à la destruction du contrat, en le rendant impossible, ou en le détournant, dans une large mesure, de son objet principal.

Lorsque le nombre en a été réglé conventionnellement ou en justice, le propriétaire, à moins d'une nécessité impérieuse, ne peut exiger qu'ils soient faits au moment des récoltes ; et il en est ainsi même au cas où le colon s'est engagé à faire les charrois à première réquisition (1).

Si le bail précise le but dans lequel il devra être fait des charrois, le bailleur ne peut pas aggraver l'obligation du colon en l'étendant à des cas non prévus. S'il s'est obligé à faire le transport des matériaux pour les réparations des bâtiments d'exploitation, il n'est pas tenu d'en faire pour les constructions nouvelles ou les reconstructions.

Les charrois et les journées de travail ne s'arréragent pas ; ceux qui n'ont pas été exécutés pendant l'année ne peuvent pas être exigés l'année suivante (2).

Dans le centre de la France, d'après un usage qui remonte aux corvées, le propriétaire doit la nourriture au colon et aux animaux employés aux charrois.

(1) Pothier, nos 205 à 208 ; Dalloz, J. G., *Louage,* no 320. — Rouen, 29 décembre 1877.
(2) Bourges, 6 mai 1832 (S. 32, 2, 488).

III. *Le métayer, à la fin du bail, doit restituer
la métairie et tous les objets compris au bail.*

L'obligation de restituer, qui incombe au colon, le constitue débiteur de corps certain. Il doit remettre la métairie au bailleur dans l'état où il l'a reçue, avec tout ce qu'elle comporte ; il est, par là même, responsable des pertes, dégradations, incendie arrivés pendant le bail, à moins qu'il ne prouve qu'il n'a commis aucune faute.

Il doit également, avant de sortir du domaine, laisser au colon entrant toutes facilités pour préparer les travaux de l'année suivante.

1° *Le colon doit restituer la métairie dans l'état où il l'a reçue.* — Comment cet état sera-t-il déterminé ? Il faut distinguer, conformément aux articles 1730 et 1731, auxquels renvoie l'article 4 de la loi nouvelle, s'il a été dressé un état des lieux au début du bail, ou s'il n'en a pas été fait.

« S'il a été fait un état des lieux entre le bailleur et le preneur, celui-ci doit rendre la chose telle qu'il l'a reçue, suivant cet état, sauf ce qui a péri ou a été dégradé par vétusté ou force majeure » (art. 1730).

Cet état présente ainsi la plus grande importance et les parties, pour éviter ultérieurement des difficultés, ont intérêt à le dresser de la façon la plus complète, tant pour les bâtiments que pour les héritages de la métairie. C'est l'état des terres, à la fin du bail, qui entraîne généralement le plus de contestations. Lorsque l'état des lieux établit que le bailleur a remis

une certaine étendue de terres ensemencées ou labourées, le colon est présumé les avoir reçues bien façonnées, selon l'usage des lieux, et, à moins de preuve
contraire, il doit les rendre telles.

Lorsqu'il est stipulé dans le contrat que le colon
devra trouver, à son entrée, une certaine étendue de
terres ensemencées, le colon n'en a pas moins le droit
d'établir, par toute sorte de moyens, qu'il n'a eu, en
réalité, qu'une moins grande étendue de terres ensemencées.

« S'il n'a pas été fait d'état des lieux, le preneur est
présumé les avoir reçus en bon état de réparations
locatives et doit les rendre tels, sauf la preuve contraire » (art. 1731).

Les auteurs ne sont pas d'accord sur la portée de
cette présomption ; d'après Colmet de Santerre, il faut
lire. que le preneur est présumé avoir reçu les lieux
en *bon état de réparations de toute sorte*, *même locatives*, puisqu'il était en droit d'exiger que la chose lui
fût remise ainsi (1).

Qu'importe, à notre avis, que le preneur soit présumé, ou non, avoir reçu les lieux en bon état de grosses réparations ? Avant le bail, comme pendant sa durée, le propriétaire n'est-il point tenu seul de les faire
exécuter ? La présomption ne peut entraîner des conséquences que la preuve elle-même n'aurait pas ; et
la preuve que les grosses réparations sont devenues
nécessaires pendant la durée du bail, ne prouve qu'une

______

(1) Colmet de Santerre, t. VII, n° 178 bis. *Contrà* : Meplain,
n°s 140 et 144 ; Laurent, t. XXV, n° 272.

chose, à la sortie du colon : c'est que le bailleur ne s'est point acquitté de son obligation de les faire.

L'article 1731 laisse au colon la ressource de détruire la présomption qui pèse contre lui, en prouvant qu'il a reçu les lieux en mauvais état. Cette preuve peut être faite par témoins, même au-dessus de 150 fr.; il s'agit en effet d'établir un simple fait, sans caractère juridique, et il serait étrange que le législateur eût exigé une preuve écrite, en l'absence d'état des lieux, alors que la seule preuve écrite, usitée en ce cas, est précisément l'état des lieux (1).

2° *Le colon sortant doit laisser les pailles, fourrages et engrais de l'année.* — Le colon, à sa sortie, doit restituer la métairie avec tous les objets qu'elle comporte. Cette restitution ne serait pas complète si le colon retenait une partie des foins, pailles et engrais qui lui ont été délivrés à son entrée en jouissance. Ce sont des immeubles par destination qui font partie intégrante du domaine.

Si l'article 1778 s'en exprime formellement, et si la nouvelle loi y renvoie, c'est que l'opposition d'intérêts qui, à la fin du bail, existe entre le bailleur et le preneur porte souvent ce dernier à violer cette obligation.

Pendant la durée du bail, l'intérêt du colon se confond avec celui du bailleur ; car les pailles et engrais, tout en étant la propriété exclusive du bailleur, servent à l'exploitation du domaine dont les produits sont communs. A sa sortie, au contraire, le colon n'a plus

(1) Dalloz, J. G., *Louage*, n° 342.

aucun intérêt à en ménager la consommation ; il est porté à en faire profiter le bétail dont il aura à partager la plus-value.

Régulièrement le colon n'est tenu de laisser, à sa sortie, que la quantité de pailles, fourrages et engrais qu'il a reçue ; et pour le surplus il a le droit de disposer de sa part ; mais l'article 1778 *in fine* autorise le bailleur à retenir les pailles et engrais, lors même que le preneur ne les aurait pas reçus (1) ; c'est là une véritable expropriation que la loi permet dans l'intérêt de l'agriculture. Ce droit de retenir la part du colon est pour le bailleur une faculté à laquelle il peut recourir ou renoncer à son gré. Lorsqu'il exerce ce droit, il doit indemniser le colon de la valeur de sa part, suivant estimation à l'amiable ou par experts.

La clause, par laquelle le colon s'engage à transformer en fumier, pour l'utilité du domaine, toutes les pailles des récoltes, n'entraîne pas renonciation de sa part à une indemnité pour les pailles et fumiers existant à la fin du bail, s'il ne lui en a pas été livré, ou si la quantité restante est supérieure à celle reçue. L'article 1778 donne droit à une indemnité ; le colon ne peut en être privé que dans le cas où il y a formellement renoncé (2).

---

(1) L'article 1778 ne mentionne point les fourrages ; mais les mêmes dispositions s'y appliquent évidemment par analogie.

(2) *En ce sens* : Douai, 19 juillet 1850 (D. 1852, 2, 98) ; Metz, 18 juillet 1861 (D. 1862, 2, 70) ; Rouen, 7 octobre 1864 (S. 1865, 2, 143).

En sens contraire : Amiens, 18 mai 1824 (Rapp. Dalloz, J. G., *Louage*, n° 749) ; Douai, 4 juin 1849, (D. 1852, 2, 98).

3° *Responsabilité du colon en cas de pertes, dégradations et incendie.* — En cas de pertes, dégradations, incendie, le colon ne peut restituer la métairie dans l'état où il l'a reçue, puisque, en tout ou partie, elle n'existe plus. Dans la mesure où ces faits se sont produits, l'exécution de son obligation est devenue impossible. Mais il est tenu de dommages et intérêts ; il est responsable de cette inexécution, à moins qu'il ne prouve que la cause ne lui en est pas imputable, qu'il n'a point commis de faute, qu'il a veillé à la garde et à la conservation de la chose louée en bon père de famille. C'est à lui de prouver que la chose a péri, sans sa faute, par cas fortuit, vétusté ou force majeure ; car le bailleur ayant établi, par le bail lui-même, l'existence, à la charge du colon, de l'obligation de restituer, et, ainsi que nous l'avons indiqué, l'étendue de cette obligation, c'est au colon à faire la preuve de sa libération. Tel est le droit commun contenu dans les articles 1137, 1302 et 1315 du Code civil, et dont l'article 4, dans son paragraphe 2, se borne à faire l'application : « Le colon, y est-il dit, répond de l'incendie, des dégradations et des pertes arrivées pendant la durée du bail, à moins qu'il ne prouve qu'il a veillé à la garde et à la conservation de la chose en bon père de famille ».

Ainsi se trouve tranchée, en ce qui concerne le bail à colonat partiaire, la grande controverse, qui divisait les auteurs et la jurisprudence, au sujet de l'article 1733 et de la responsabilité du preneur en matière d'incendie.

Un premier système, qui était celui de la Cour
de Limoges, considérant le métayage comme un
contrat de société, rejetait l'application de l'article 1733, et n'admettait point le principe de la responsabilité du colon aux termes de l'article 1302.
Le colon ne pouvait être tenu de dommages et intérêts qu'autant que le propriétaire prouvait sa faute,
conformément à l'article 1382, qui dispose que quiconque a, par son fait, causé un préjudice à autrui en
doit réparation (1).

Un second système, qui se rattache au premier,
faisait une distinction entre les bâtiments d'habitation et ceux qui servent à l'exploitation. En ce qui
concerne les premiers, y était-il dit, la lourde responsabilité, qui pèse sur le fermier, pèse également sur
le colon, car il en jouit exclusivement et a droit,
comme le fermier, d'en interdire l'accès au propriétaire lui-même ; quant aux bâtiments d'exploitation,
les dispositions rigoureuses de l'article 1733 ne peuvent s'appliquer au colon ; car il n'en a pas la garde
exclusive ; le propriétaire peut y pénétrer à tout instant ; il peut y exercer la surveillance la plus complète ; or, l'impossibilité de surveillance de la part du
propriétaire est le seul motif des articles 1732 et
1733 (2).

(1) Limoges, 21 février 1839 et 6 juillet 1840 ; Dax, 13 avril 1883,
jugement infirmé par l'arrêt de la Cour de Pau du 5 avril 1884
(S. 1884, 2, 186).

(2) Montluçon, 11 janvier 1884 ; jugement infirmé par la Cour
de Riom par arrêt du 19 novembre 1884 (D. 86, 2, 5). — Meplain,
nos 167 et 168 ; Latreille, *Revue critique*, 1864, p. 405.

Un troisième système, partant de ce principe que le bail à colonat partiaire n'était qu'un louage, déclarait que l'article 1733 devait être appliqué rigoureusement au colon, comme au fermier ; que cet article, par sa rédaction même, édictait, à l'encontre de tout preneur, une présomption légale de faute en cas d'incendie ; que cette présomption légale ne pouvait être détruite par la preuve contraire que dans les hypothèses expressément prévues par le législateur : cas fortuit ou force majeure, vice de construction, communication du feu par une maison voisine ; qu'en dehors de ces trois cas, le colon aurait vainement démontré qu'il n'avait point commis de faute ; qu'une preuve négative ne pouvait suffire ; et qu'en s'écartant de l'interprétation littérale, on faisait perdre à l'article 1733 toute raison d'être, puisque sa disposition se confondait avec celle de l'article 1732 (1).

Enfin un quatrième système soutenait au contraire que l'article 1733 n'avait pas pour le preneur, fermier ou colon partiaire, le sens rigoureux qui semblait résulter de son interprétation littérale ; que sa raison d'être, après l'article 1732, s'expliquait suffisamment par la controverse qui avait existé dans l'ancien droit, sur le point de savoir à qui incombait la preuve en matière d'incendie ; que sa rédaction était la reproduction d'un texte de Pothier qui n'avait pas ce sens restrictif ; que les rédacteurs du Code civil, en repro-

(1) Bourges, 2 mars 1881 (Dalloz, 1881, 2, 111) ; Cass., 16 août 1882 (Sir. 1884, 1, 33). — Aubry et Rau, IV, § 367 ; Marcadé, art. 1733, VI, p. 471.

duisant ce texte, n'avaient certainement pas eu l'intention d'innover en lui donnant un caractère limitatif ; qu'entendu en ce sens, l'article 1733 n'était pas une disposition rigoureuse ni exceptionnelle, mais une application au preneur du droit commun formulé dans l'article 1302 et concernant tout débiteur de corps certain (1).

C'est à cette dernière opinion que se sont rangés les rédacteurs du Code rural, en donnant à leur pensée une formule générale, qui ne saurait prêter à équivoque (2).

Le colon est tenu des pertes et dégradations qui arrivent par le fait des personnes de sa maison ou des gens qu'il emploie comme ouvriers et journaliers, sans qu'il puisse écarter cette responsabilité en alléguant qu'il a mis le plus grand soin à les choisir (art. 1384).

Il a été jugé que la perte d'une parcelle de terrain n'est pas compensée par un empiétement d'égale

(1) Amiens, 10 avril 1877 (D. 78, 5, 310) ; Dijon, 26 mars 1879 (D. 79, 2, 148) ; Pau, 5 avril 1884 (S. 84, 2, 186) ; Riom, 19 novembre 1884 (D. 86, 2, 5). — Laurent, XXV, n° 279 ; Esmein, note sur l'arrêt de Cass. du 16 août 1882.

(2) M. Clément, il est vrai, semble ignorer les hésitations, sinon le dernier état, de la jurisprudence sur l'article 1733. « Le Code civil, dit-il dans son rapport au Sénat, a posé un principe rigoureux, une présomption de faute dont le locataire ne peut s'exonérer que dans trois cas expressément limités ; si le locataire prouvait de toute autre manière que l'incendie ne peut lui être attribué, il devrait néanmoins être condamné... C'est de cette disposition rigoureuse et exceptionnelle que le projet de loi exonère le colon partiaire, en le laissant sous l'empire du droit commun,... »

étendue, alors même que l'empiétement serait acquis par la prescription (1).

4° *Rapports entre le colon sortant et le colon entrant.* — Le colon sortant doit laisser à celui qui lui succède les logements convenables et les autres facilités pour les travaux de l'année suivante ; et réciproquement, le colon entrant doit procurer à celui qui sort les logements convenables et les autres facilités pour la consommation des fourrages et les récoltes restant à faire. Dans l'un et l'autre cas, on doit se conformer à l'usage des lieux (art. 1777 du C. civ. et 13 de la loi de 1889).

C'est là une dérogation aux principes stricts du louage, imposée par les nécessités de l'agriculture. Généralement le métayer quitte la métairie après avoir préparé les terres et fait les semailles d'hiver ; la plupart des usages lui réservent le droit d'en faire la récolte. Ce droit, dit le comte de Tourdonnet, emporte pour le métayer la faculté de surveiller la récolte, de lui donner les soins qu'elle réclame, enfin de la moissonner et de la battre sur place, car, s'il peut enlever sa part de grain, il doit laisser la paille à son successeur. De son côté, celui-ci est obligé de faciliter au métayer sortant l'exercice de son droit, par exemple, à l'époque de la moisson, de fournir les bestiaux de la métairie pour le transport des gerbes, et de laisser dans la grange une place suffisante pour les remiser et les battre (2).

(1) Nancy, 5 août 1865 (D. 1870, 2, 53).
(2) De Tourdonnet, *op. cit.*, p. 137.

Droit de surveillance et de direction.

Nature du droit de surveillance et de direction. — Dans le bail à ferme, le propriétaire a le droit de visiter l'héritage loué ou de le faire visiter par ses préposés. Il est nécessaire qu'il puisse s'assurer que les conditions du bail sont exécutées, que le fermier ne cause aucun dommage aux terres, aucune détérioration aux bâtiments. C'est là la cause du droit de surveillance, droit dont l'exercice est limité par la mesure même de l'intérêt du bailleur.

Quant à l'exploitation de la ferme, le bailleur y reste absolument étranger ; et la raison en est qu'il n'y a aucun intérêt : que le rendement soit abondant ou médiocre, le fermage n'en restera pas moins le même, car le prix est fixe. Le fermier cultive avec une indépendance absolue, et s'il ne peut faire face à ses engagements, le bailleur n'a que la ressource d'exercer le privilège qui garantit sa créance.

Dans le bail à colonat partiaire, la situation est tout autre : directement intéressé au rendement annuel, le bailleur a un droit de surveillance beaucoup plus étendu que dans le bail à ferme, et, en outre, il a un certain pouvoir de direction dans l'administration de la métairie.

Cette intervention du bailleur, qui restreint dans

une large mesure, non la jouissance utile du colon,
mais sa libre exploitation du fonds, est la conséquence
nécessaire de la nature du prix, qui est un prix proportionnel en nature. Ce prix est dû et il est dû tel
qu'il a été déterminé dans l'intention des parties,
c'est-à-dire tel que pourrait le fournir un bon père de
famille par une culture intelligente et active. Il ne
saurait dépendre de la malveillance du colon, de son
impéritie ou de ses malversations que ce prix prévu,
escompté en quelque sorte, fût réduit ou annihilé.

Telle est juridiquement la cause du droit de direction ; tel est aussi, croyons-nous, le criterium qui
pourra, en cas de contestation, servir à en déterminer
l'étendue, lorsque cette étendue ne sera pas fixée par
la convention ou l'usage.

Mais, dans l'ordre des faits, cette analyse exclusivement juridique serait insuffisante pour expliquer
toute la participation que le bailleur prend généralement à l'exploitation de la métairie ; il faut encore
tenir compte de considérations économiques.

Généralement pauvres, ignorants et routiniers, se
préoccupant surtout d'assurer leur subsistance, les
métayers ne sont guère capables d'initiative dans
la voie du progrès agricole. Par leur fortune, au contraire, par leur instruction, par des connaissances
techniques quelquefois, les propriétaires sont seuls à
même d'entreprendre et de réaliser des améliorations ;
les journaux, les revues, les statistiques leur permettent de se rendre compte non seulement des inven-
tions agricoles, mais encore des besoins de la con-

sommation, et il leur est facile de diriger la production dans son sens le plus avantageux, dans le sens où les débouchés seront plus rémunérateurs. Il importe donc, au point de vue de l'intérêt de l'agriculture, que le bailleur joue un rôle prépondérant dans l'exploitation de la métairie, qu'il guide le colon de ses conseils, qu'il l'aide surtout de ses capitaux.

Ces rapports entre propriétaires et colons, qui peuvent être réglés par la convention ou s'imposer par l'usage, mais qui le plus souvent sont le résultat d'une entente de fait, entente d'autant plus facile à concevoir qu'elle est tout à l'avantage des colons, font du colonage partiaire un instrument d'amélioration et de progrès, non pas en lui donnant un caractère d'association (1), comme on l'a si souvent répété, mais en ne séparant pas nettement, comme dans le bail à ferme, l'intérêt du bailleur et celui du preneur, et en permettant au propriétaire, par *le mobile même de son intérêt personnel*, de rendre meilleur le sort du colon.

M. Clément, dans son rapport, indique suffisamment ce double fondement du droit de direction et les motifs qui ont poussé le législateur à en favoriser l'extension : « Le propriétaire, dit-il, demeure intéressé » non seulement à l'amélioration des terres mais en-

---

(1) Nous croyons l'avoir surabondamment démontré aux pages 115 et suivantes (n° VII); ajoutons seulement qu'il est véritablement inconcevable qu'on puisse faire dériver du contrat de société le droit pour un associé de commander et de diriger son co-associé, qu'on puisse faire découler des principes égalitaires du *jus fraternitatis* le droit traditionnel et quasi-seigneurial pour le bailleur d'être *le maître* dans la métairie.

» core au rendement annuel. Il a donc tout naturelle-
» ment le droit de surveiller les travaux, mais il y a
» plus, il importe qu'il puisse par son intelligence,
» par son activité, par l'avance des sommes néces-
» saires, donner à l'œuvre commune une impulsion
» utile ».

Ce caractère indéfini à la fois juridique et économique du droit de direction, l'indifférence d'un grand
nombre de propriétaires pour l'exploitation de leurs
métairies, la difficulté de donner une sanction obli-
gatoire précise à un principe économique qui, par sa
nature, ne comporte guère qu'une application volontaire, expliquent la rédaction de l'article 5, qui, sous
une formule vague, ou du moins très générale, semble être à la fois une disposition législative et l'expression d'un vœu : « Le bailleur a la surveillance des
» travaux et la direction générale de l'exploitation,
» soit pour le mode de culture, soit pour l'achat et la
» vente des bestiaux. L'exercice de ce droit est dé-
» terminé, quant à son étendue, par la convention
» ou, à défaut de convention, par l'usage des lieux ».

Cet article n'introduit pas une innovation dans le
colonat partiaire ; le législateur ne fait qu'affirmer,
pour le rendre indiscutable, un principe consacré par
une pratique constante ; le droit du bailleur ne se
trouve en rien augmenté ou modifié.

Étendue du droit de direction. — Le droit du bailleur
ne comporte qu'une direction générale de l'exploitation ; le texte le dit expressément, et les travaux préparatoires abondent en ce sens : « On conçoit, dit

M. de Gasparin, cité par le rapporteur au Sénat, que les directions du propriétaire ne peuvent jamais être que fort générales et concerner seulement la conduite du domaine dans son ensemble ; elles ne sauraient être détaillées et de tous les instants sans beaucoup d'inconvénients ».

C'est avec raison qu'à défaut de convention, la loi renvoie aux usages locaux, pour déterminer l'étendue et l'exercice du droit de direction ; mais il pourra s'élever de sérieuses difficultés dans le cas où la convention et l'usage se trouvent également muets, lorsque le métayage, par exemple, s'introduit dans ces contrées, comme il en est dans le nord de la France, où jusqu'alors il a été inappliqué.

Quel sera, dans ces conditions, le critérium qui guidera le juge pour décider que le bailleur a dépassé son droit de direction, ou n'a fait, au contraire, que l'exercer dans ses justes limites ? Ce critérium sera-t-il l'intérêt commun des parties ? et le colon devra-t-il être condamné toutes les fois qu'il sera établi qu'en refusant d'exécuter un ordre donné, il a agi contrairement à ses propres intérêts ? Ce critérium, au contraire, se réduira-t-il à une simple mesure de sauvegarde pour le bailleur, et le colon ne pourra-t-il être condamné qu'autant qu'il sera établi que par l'inexécution de l'ordre donné, il lèse, dans ses conséquences, un droit acquis du bailleur ?

Il nous semble que c'est à ce dernier critérium qu'il faut se ranger sans hésiter : le colon, en effet, doit fournir une redevance en produits, qui, dans le bail à colonage, en constitue le prix. Cette redevance n'est pas seulement déterminée dans sa quotité ; elle l'est virtuellement dans sa quantité elle-même : ce que doit un métayer, ce n'est pas la moitié d'une récolte quelconque, c'est la moitié d'une récolte produite par le travail et les soins d'un bon père de famille. Cette redevance a été stipulée telle ; le propriétaire a le droit de l'exiger, et son pouvoir de direction n'est qu'un droit accessoire destiné à assurer l'exécution du premier.

D'une façon générale le bailleur peut donner des ordres en ce qui concerne les semailles, le mode de culture, la profondeur des labours, la quantité d'engrais à employer, les soins à donner aux récoltes naissantes, leur levée, leur partage, l'achat et la vente des bestiaux etc....

Mais, quel que soit l'intérêt que le preneur lui-même puisse y trouver, le droit de direction n'autorise pas le bailleur à modifier la jouissance, à changer les conditions du bail et à exiger du colon plus que ne lui impose le contrat.

C'est ainsi que le bailleur ne peut contraindre le colon à changer les assolements, à transformer des terres labourables en prairies ou en vignobles, encore qu'il soit incontestable que, sans augmentation de travail, le rendement doive être beaucoup plus considérable.

Quant à la culture proprement dite, le colon remplit toutes ses obligations en s'en acquittant en bon père de famille. Le bailleur ne saurait lui imposer de renouveler son matériel d'exploitation ou de contribuer à l'acquisition de machines agricoles perfectionnées, d'employer de nouveaux engrais, de nouveaux procédés ; le colon est quitte dès qu'il se sert des instruments en usage dans la région, et c'est à bon droit qu'il peut se montrer réservé à l'égard des innovations tant quelles n'ont pas été généralisées et confirmées par une expérience bien établie. Il ne peut également l'obliger à accepter des avances de capitaux ; ces avances pourraient le laisser pendant plusieurs années dans une situation obérée, au préjudice de son indépendance.

Il est évident, et ceci n'est contesté par personne, que si l'ordre reçu tendait à léser l'intérêt du colon, celui-ci pourrait y résister en opposant, comme le dit Méplain, la force d'inertie.

Le bail à colonat partiaire, en effet, n'est pas un louage de travail, et le preneur ne peut être traité comme un simple domestique, comme un préposé sans initiative et sans responsabilité, livré à l'arbitraire de la volonté du maître, lors même que cet arbitraire ne pourrait avoir pour conséquence que son enrichissement.

En pratique, sans doute, les difficultés seront bien rares ; les colons seront trop heureux de cette intervention bienfaisante des propriétaires (1) et le simple jeu des lois économiques suffira amplement à rendre presque absolu leur droit de direction.

Mais il importe, en droit, de ne pas confondre deux

(1) Voir pages 117 et 118.

principes différents : une règle juridique qui, en vertu
d'un consentement antérieur, enchaîne la liberté par
un lien de droit; est une loi économique, non consentie,
dont la sanction, pour être plus efficace peut-être,
n'en laisse pas moins subsister entière l'indépendance
de l'individu.

*Responsabilité du bailleur dans la direction de l'ex-
ploitation.* — La direction générale de la métairie est
un droit pour le bailleur et non une obligation. Il peut
y renoncer, comme à tout droit, et s'en remettre
complètement à l'initiative du colon. Cet apport de
direction, comme disent avec imagination les auteurs
qui voient dans le métayage une association, est un
apport facultatif, dont l'inexécution ne peut engager
en rien la responsabilité du propriétaire.

L'exercice du droit de direction ne saurait, non
plus, engager la responsabilité du bailleur vis-à-vis du
colon ; en déférant aux ordres ou aux indications du
bailleur, le colon ne fait qu'exécuter une obligation
déjà imposée par le bail, ou il fait sienne, par un consentement postérieur, la volonté du bailleur.

Peu importe donc que les espérances aient été dé-
çues, que l'augmentation espérée dans le rendement
n'ait abouti qu'à une perte de temps et de capitaux.

Mais que faut-il décider vis-à-vis des tiers? Le
bailleur, dans une certaine mesure, est-il tenu des
engagements contractés par le colon, est-il responsable des quasi-délits que ce dernier a pu commettre?

1° Sauf convention ou usage contraire, il n'y a pas
de dette sociale dans le bail à colonat. Les engage-

ments contractés par les parties leur restent personnels. C'est au colon seul qu'incombent les charges de la culture, quelque considérables qu'elles puissent être ; il agit pour son compte et non comme préposé, domestique ou associé-gérant. Les tiers, serviteurs, journaliers, commerçants, qui ont traité avec lui, ne peuvent avoir un recours contre le bailleur qu'autant qu'ils établissent le mandat donné par ce dernier, mandat qui seul peut engager sa responsabilité. Les tiers agiront donc prudemment en ne traitant avec le colon qu'après s'être enquis des conditions du bail ou s'être assurés du mandat donné par le propriétaire.

Lors même qu'il résulte de la convention que le colon a agi à la fois et pour son compte et pour le compte du bailleur, il ne saurait être question d'engagement solidaire vis-à-vis des tiers créanciers ; la solidarité ne se présume pas (art. 1202) (1).

2° Pour les mêmes motifs, quoique la haute direction de l'exploitation appartienne au propriétaire, celui-ci ne peut être déclaré responsable du préjudice causé à un tiers par la faute ou la négligence du colon et des personnes qu'il emploie. Les relations d'obéissance et d'étroite subordination qui sont le fondement de la responsabilité du maître et du commettant, aux termes de l'article 1384, n'existent pas entre bailleur et colon.

C'est ainsi que le colon qui, en exécution d'un ordre

(1) Boussac, J. P. 22 mai 1884 ; Marmande, 4 janvier 1887 ; Alger, 21 mars 1888.

reçu, arrache les mauvaises herbes et les brûle sur place, selon la coutume du lieu, est seul responsable de l'incendie qui a été communiqué à un bois voisin. Il a été jugé aussi que le bailleur n'est aucunement responsable de l'incendie qui a été occasionné à la maison d'un voisin par une batteuse employée dans la métairie, alors que le colon qui avait traité avec l'entrepreneur du battage s'était rendu coupable d'une faute en ne s'opposant pas à la continuation du travail dans des conditions dangereuses résultant de l'emplacement ou du mauvais état de la machine (1). Mais le bailleur devrait être déclaré responsable, en *raison de sa faute personnelle*, si, assistant et participant aux opérations du battage, il n'avait rien fait pour s'opposer à la continuation du battage.

La même solution s'impose lorsque le dommage est causé par un animal de la métairie appartenant au bailleur et que le colon détient à titre de cheptel. La responsabilité édictée par l'article 1385 cesse de peser sur le propriétaire de l'animal lorsqu'il s'est dessaisi de la détention et de la garde de cet animal en vertu d'une convention régulière (2).

Il peut se faire cependant que le colon, en dehors de sa qualité habituelle, agisse comme simple préposé du bailleur pour exécuter un ordre déterminé étranger à l'exploitation de la métairie. Il a été jugé par la

______

(1) Bourges, 7 décembre 1885 (S. 1886, 2, 107) ; Valence, 19 août 1888 (*Gaz. du Palais*, 1888, 2, 31).

(2) Cass., 14 février 1862 (S. 1862, 1, 999) ; Toulouse, 1er avril 1883 (*Gaz. du Palais*, 1883, 2, 443).

Cour de Bordeaux que le bailleur, qui charge son colon de conduire un taureau au concours agricole, est responsable des dommages causés pendant le trajet, bien qu'il ait l'intention d'abandonner la prime au colon (1).

(1) Bordeaux, 18 mars 1874 (S. 1874, 2, 252).

Droit de chasse et de pêche.

Dans le silence du contrat, les droits de chasse et de pêche appartiennent exclusivement au propriétaire (art. 5). La nouvelle loi a ainsi tranché, en ce qui concerne le bail à colonat partiaire, une controverse qui s'était élevée sur ce point dans les baux en général : le gibier est-il un produit utile devant appartenir au preneur, comme tous autres produits, sans qu'il fût besoin d'une mention spéciale? ou, au contraire, le droit de chasse constitue-t-il une sorte de droit voluptuaire inhérent au droit de propriétéet qui ne peut en être détaché que par une clause formelle? Tels étaient les éléments de la controverse.

La doctrine et la jurisprudence s'étaient depuis longtemps fixées dans le sens adopté par l'article 5. Il est évident, dans le silence de la convention, que le propriétaire, en concédant la jouissance utile d'un héritage, n'a pas eu l'intention d'y comprendre le droit de chasse ; selon toute probabilité, ce droit est resté en dehors des prévisions des contractants. D'un autre côté, le colon partiaire, qui s'est engagé à donner tous ses soins à l'exploitation de la métairie, tromperait l'attente du bailleur en se laissant aller aux entraînements de la chasse ; c'est un fait bien avéré que tout paysan chasseur est un cultivateur détestable. Dans le bail à colonat d'ailleurs, il serait bien difficile de concevoir comment pourrait s'opérer le partage des produits de la chasse.

Le bailleur peut user personnellement du droit de chasse ; il peut aussi le louer ou le concéder à qui bon lui semble. S'il est causé des dégâts aux récoltes, le colon peut se faire indemniser du préjudice qu'il a subi.

Bien que n'ayant pas le droit de chasse, le colon, peut, comme tout possesseur, repousser et détruire sur les terres de la métairie les animaux nuisibles et malfaisants en se conformant d'ailleurs aux arrêtés préfectoraux, conformément à l'article 9 de la loi du 2 mai 1844.

Il a également le droit de tuer et de s'approprier les pigeons qui seraient trouvés sur les terres de la métairie pendant la période de clôture des colombiers (art. 7, loi du 4 avril 1889, Code rural).

SECTION IV

Privilège du bailleur et moyens d'en assurer l'exercice.

§ 1ᵉʳ. — **Privilège du bailleur.**

La loi accorde au propriétaire, pour obtenir l'exécution des engagements du colon, le privilège spécial de l'article 2102 du Code civil.

Bien que dans le bail à colonat partiaire le prix consiste principalement en la remise d'une certaine portion de récoltes, le bailleur à métairie est traité avec la même faveur que le bailleur à ferme.

La raison en est que, comme ce dernier, il a souvent un intérêt considérable à s'en prévaloir à l'encontre d'autres créanciers ; que cette garantie facilite les locations en déterminant les bailleurs à se montrer peu exigeants sur la solvabilité de leurs colons ; que cette sûreté seule peut permettre ces avances en numéraire ou en denrées si souvent nécessitées par la misère des colons et qui presque toujours sont indispensables à la bonne exploitation des métairies ; et qu'ainsi le privilège de l'article 2102 est à la fois conforme à l'intérêt général de l'agriculture, à celui des propriétaires et à celui, bien compris, des colons eux-mêmes.

Admise sous l'ancien droit et le droit intermédiaire (1), l'existence d'un privilège au profit du bail-

______

(1) Pothier, *Traité du louage*, n° 252. — Nîmes, 7 ventôse, an XII (S. 1804, 2, 515).

leur à métairie fut contestée, sous le Code civil, par les auteurs qui voyaient dans le colonage partiaire une véritable association. Logiquement ils étaient amenés à cette solution, car il ne peut être question de privilège en matière de société ; les privilèges sont de droit étroit ; pour en invoquer un, il faut un texte de loi, et ce texte fait défaut (1).

La loi du 25 mai 1838, en déterminant la compétence des juges de paix relativement aux demandes en validité de saisie-gagerie et en déclarant ses dispositions applicables au bail à ferme et au bail à colonat partiaire, reconnut par là même implicitement l'existence du privilège.

Le législateur de 1889 n'en a pas moins tenu à la proclamer par un texte formel : « Le bailleur exerce le privilège de l'article 2102 du Code civil sur les meubles, effets, bestiaux et portion de récolte appartenant au colon, pour le paiement du reliquat de compte à rendre par celui-ci ».

Assiette du privilège. — Le privilège du bailleur porte sur le prix de tous les meubles, effets, bestiaux, instruments d'exploitation, qui garnissent la métairie, ainsi que sur le prix de la portion de récolte qui appartient au colon.

Si les meubles ou effets ont été déplacés sans le con-

(1) La nécessité de recourir à l'idée de louage, pour reconnaître un privilège au bailleur à métairie, a largement contribué à faire revenir la jurisprudence de sa première doctrine et à lui faire admettre soit que le bail à colonat n'était qu'une variété du bail à ferme, soit qu'il était un contrat mixte participant dans une certaine mesure de la nature du bail à ferme.

sentement du propriétaire, celui-ci a le droit pendant quarante jours de les revendiquer pour les faire rétablir dans la métairie.

Il n'est pas nécessaire que les objets garnissant la métairie appartiennent au colon pour qu'ils soient frappés par le privilège ; peu importe que le colon les détienne comme emprunteur ou dépositaire ; il suffit que le bailleur ait ignoré cette détention précaire et qu'en les voyant en la possession de son colon il ait pu de bonne foi les considérer comme compris dans la constitution tacite de gage. C'est une conséquence de la règle « en fait de meubles possession vaut titre ». Il en serait autrement si ces objets étaient des objets perdus ou volés, car la règle précédente est inapplicable en ce cas.

Il est fait exception cependant pour l'argent, les billets de banque, les bijoux, les titres de créance qui, par leur nature même, ne sont point des objets garnissant la métairie. Le privilège du bailleur a son fondement juridique dans une convention tacite de gage, et il n'a pu entrer dans l'intention commune des parties d'y affecter de semblables objets.

La part de fruits, qui revient au colon dans la récolte de l'année, est soumise au privilège, qu'elle soit engrangée, ou non, dans les bâtiments d'exploitation. Les récoltes précédentes n'y sont affectées que comme objets garnissant la métairie.

En vertu de la loi du 19 février 1889, le privilège du bailleur porte également sur les indemnités dues par suite d'assurance contre l'incendie, la mort des bestiaux, la grêle et les autres risques. Cette loi déclare expressément que l'assuré ou ses ayants droit ne pourront toucher tout ou partie de l'indemnité due pour assurance du risque locatif, sans que le propriétaire de l'objet assuré ou le tiers subrogé à ses droits ait été désintéressé des conséquences du sinistre (art. 3).

Créances privilégiées. — Aux termes de l'article 2102, le privilège du bailleur a lieu pour les loyers et fermages, pour les réparations locatives et pour tout ce qui concerne l'exécution du bail.

Dans le colonat partiaire c'est la redevance d'une portion de fruits qui tient lieu de fermages ; si le colon ne l'acquittait point, le propriétaire, à titre de dommages-intérêts, pourrait en réclamer la valeur, par privilège, dans la saisie du colon. Les autres redevances accessoires et, à plus forte raison, la prestation colonique sont garanties par le privilège.

Faut-il appliquer au colonat partiaire la fin du premier alinéa de l'article 2102 ainsi modifié par la loi du 19 février 1889 : « Le privilège accordé au bailleur » d'un fonds rural par l'article 2102 du Code civil ne » peut être exercé, même quand le bail a acquis date » certaine, que *pour les fermages des deux dernières* » *années échues, de l'année courante et d'une année à* » *partir de l'année courante*, ainsi que pour tout ce » qui concerne l'exécution du bail et pour les dommages-intérêts qui pourront lui être accordés par les » tribunaux » ?

En ce qui concerne *les redevances échues*, la question, il nous semble, se résout sans difficulté par une distinction :

Le bailleur, pendant plusieurs années, a-t-il négligé de prendre sa part de récoltes, — s'est-il, en vue d'un règlement ultérieur et par confiance absolue en son colon, déchargé sur lui du soin de recueillir et de vendre l'ensemble des récoltes, la réduction du privilège aux deux dernières années échues s'appliquera incontestablement comme dans le bail à ferme ; il serait injuste en effet que les cocréanciers du bailleur fussent victimes de son incurie ou de sa confiance exagérée.

Le bailleur, au contraire, et ce cas sera de beaucoup le plus fréquent, aura-t-il laissé au colon, à titre d'avances, sa part de récoltes, pour lui permettre de continuer ou d'améliorer l'exploitation, le privilège du bailleur, dans cette hypothèse, ne devra subir aucune réduction ; car, nous le verrons bientôt, toutes les avances faites au colon pour les besoins de l'exploitation sont intégralement garanties par privilège.

Mais que faut-il décider au sujet des *redevances à échoir* ? Sont-elles garanties par le privilège du bailleur, même pour l'année courante et l'année qui suit l'année courante ?

Nous ne le pensons pas :

Sans doute l'article 10 de la loi du 18 juillet ne fait aucune restriction, en déclarant applicable au colonat partiaire le privilège de l'article 2102 du Code civil ; néanmoins la disposition relative aux fermages à échoir nous paraît incompatible avec l'économie générale de la nouvelle loi. Les privilèges créent des causes de préférence entre les créances, mais non les créances elles-mêmes ; et dans le métayage il n'existe pas de créance à terme susceptible de devenir immédiatement exigible.

Dans le bail à ferme, la déchéance du bénéfice du terme est une disposition plus ou moins heureuse, mais qui s'explique : rien ne s'opposerait à ce que le prix de toutes les années du bail fût l'objet d'un paiement unique. Si ce prix est fractionné en termes annuels, c'est incontestablement autant de délais accordés au débiteur. Si, d'autre part, ces paiements partiels sont subordonnés à la jouissance du fermier, on peut dire, à la rigueur, avec l'article 1178, que la condition est présumée accomplie lorsque c'est le débiteur qui en a empêché l'accomplissement.

Mais dans le bail à métairie, l'idée d'une créance immédiatement exigible par déchéance du terme, et comprenant toutes les redevances en fruits des années à venir, répugne à l'essence du contrat et ne se comprend même pas : si les redevances en nature sont annuelles et successives, c'est que, par la force des choses, il ne peut pas en être autrement, puisque les récoltes sont annuelles et successives ; il n'y a pas de terme, pas de délai accordé au débiteur ; comment le colon pourrait-il encourir la déchéance du terme ? D'un autre côté, les redevances ne peuvent faire l'objet d'un paiement avant d'exister et d'être déterminées ; conditionnelles dans leur existence, conditionnelles dans leur quantum, les redevances proportionnelles

font dépendre le prix des agents naturels et des conditions climatériques ; elles ne sont ni liquides, ni
liquidables, et, matériellement, leur exigibilité immé-
diate est inconcevable.

L'évaluation, en argent, de toutes les redevances,
en nature, basée sur le rendement moyen, transfor-
merait le bail à métairie en un véritable bail à ferme ;
et l'attribution qui en serait faite au propriétaire, loin
d'être l'exécution anticipée de l'obligation du colon,
en serait la négation et la contradiction même, car
elle ferait produire à cette obligation un effet contraire
à sa nature, un effet que les parties ont précisément
voulu éviter.

Enfin, si le privilège du bailleur garantissait le paiement des redevances à échoir pour l'année courante
et l'année qui la suit, il faudrait bien reconnaître aux
autres créanciers, comme dans le bail à ferme, le
droit de relouer l'héritage pendant cette durée ; et
dès lors ne serait-il pas étrange d'admettre comme
cessible, pour les créanciers du colon, un droit que la
loi elle-même déclare expressément *incessible et intransmissible par sa nature* ?

Ajoutons que le législateur, en rejetant, comme nous
le verrons plus loin, l'application de l'article 1746,
indique suffisamment l'esprit de la nouvelle loi et
donne par là même le moyen de combler une lacune.

Quelle que soit la cause de la résiliation, que la
responsabilité en incombe au preneur ou au bailleur,
dans tous les cas, il n'est dû *pour l'inexécution du
bail pendant les années à courir* que des dommages-

intérêts dont la fixation est laissée à la souveraine appréciation du juge.

Ces dommages-intérêts, quand ils sont dus par le preneur, sont intégralement garantis par le privilège du bailleur, ainsi que tous ceux encourus pour inexécution des autres charges et obligations imposées par le contrat.

Le bailleur est enfin privilégié pour les avances qu'il a faites au métayer, sans qu'il y ait à distinguer entre les avances qui ont eu lieu en exécution d'une clause du bail, et celles qui ont été faites en dehors de toute clause du contrat, pour permettre au colon de continuer ou d'améliorer l'exploitation.

L'intérêt de l'agriculture et des métayers exige en effet que le privilège du bailleur s'étende aux avances même non prévues par le contrat, car la confiance des propriétaires en leur droit de préférence les engage seule à les consentir.

Restreindre ce droit, ce serait enlever aux métayers leur unique source de crédit et arrêter l'essor de l'exploitation. Destinées à faciliter aux métayers l'accomplissement de leur obligation de cultiver, ces avances assurent en définitive l'exécution du bail et rentrent dans les termes de l'article 2102.

Cette solution, qui avait pu être contestée avant la nouvelle loi, est consacrée dans son article 10 : « le bailleur exerce le privilège de l'article 2102 du Code civil sur les meubles, effets, bestiaux et portion de récoltes appartenant au colon, pour le paiement du reliquat de compte à rendre par celui-ci ». Il résulte

··clairement des travaux préparatoires que l'expression *reliquat de compte* vise indistinctement toutes les avances faites au colon pour les besoins de l'exploita-·tion (1).

Des privilèges qui priment celui du bailleur. — Les sommes dues pour les semences ou pour les frais de récolte de l'année sont payées sur le prix de la récolte, et celles dues pour ustensiles, sur le prix de ces us-tensiles, par préférence au propriétaire dans l'un et l'autre cas (art. 2102, 1°, al. 4).

Il est juste que ceux qui ont contribué à la produc-tion de la récolte soient payés par préférence sur le prix de cette récolte, puisque sans eux cette partie du gage commun des créanciers n'existerait pas.

Le privilège accordé à raison des sommes dues pour semences et frais de récolte ne s'applique point à la créance du fournisseur d'engrais. Celui relatif aux créances pour vente, fabrication ou réparation d'us-tensiles n'existe qu'en ce qui concerne les ustensiles servant à l'exploitation agricole.

Les domestiques du colon, qui ont pour obtenir le paiement de leurs gages le privilège général de l'arti-cle 2101, 4°, ont-ils en outre le privilège spécial de l'article 2102, en tant que préposés à l'ensemence-ment des terres et à la levée des récoltes, privilège leur permettant de primer celui du propriétaire? Cette question a été résolue dans divers sens par la

_____

(1) Il est bien évident que si le prêt consenti par le bailleur à son colon n'était point fait en vue de l'exploitation, la situation du bailleur serait celle d'un créancier ordinaire.

doctrine et la jurisprudence. Nous croyons, conformément au dernier état de la jurisprudence (1), que les domestiques ruraux doivent être privilégiés, pour le paiement de leurs gages, sur la part du colon dans la récolte de l'année, mais seulement s'ils ont contribué d'une manière directe à cette récolte et pour la portion de leurs gages représentant ces travaux.

§ 2. — Moyens d'assurer l'exercice du privilége.

Droit de saisie-revendication (2). — Le propriétaire peut saisir les meubles qui garnissaient sa métairie, lorsqu'ils ont été déplacés sans son consentement, et il conserve sur eux son privilège pourvu qu'il ait fait la revendication dans le délai de 40 jours (art. 2102, 1°, al. 5).

Le bailleur ne revendique pas les meubles garnissants à titre de propriétaire, mais en tant que créancier gagiste, pour obtenir leur réintégration dans la métairie et exercer sur eux, au besoin, son droit de privilège.

Par une faveur traditionnelle, le droit de revendication d'un bailleur est d'ailleurs plus efficace que celui d'un propriétaire revendiquant sa propre chose : le propriétaire échoue contre un acquéreur de bonne foi, qui est couvert par l'article 2279 « en fait de meu-

____

(1) Cass., 18 juin 1889.
(2) Pour éviter de confondre cette revendication de gage avec la revendication proprement dite, on la désigne généralement sous le nom de saisie-revendication.

bles possession vaut titre » ; aucune restriction, au contraire, n'est imposée au droit de saisir-revendiquer, dans le délai de 40 jours, les *meubles garnissant* la métairie (1).

Faut-il reconnaître au bailleur le droit d'exercer son privilège et de saisir-revendiquer la part de récolte du colon, lorsqu'elle a fait l'objet d'une vente ? Il est nécessaire de faire des distinctions :

Si les fruits vendus n'ont pas été livrés, le bailleur conserve sur eux son privilège ; il en est de même, après livraison, si la vente a eu lieu frauduleusement, à l'insu du bailleur, et cela, sous la condition de les saisir-revendiquer dans le délai de 40 jours.

Mais si la vente a été faite régulièrement et sans fraude (2), le bailleur ne peut inquiéter l'acheteur. Dans la pensée des parties contractantes, les fruits sont destinés à être vendus et c'est le seul moyen pour le colon de faire face à ses engagements. Le consentement du bailleur est tacitement acquis ; et il importe, dans l'intérêt des transactions commerciales, qu'il y ait sûreté pour l'acheteur. Le dernier alinéa du n° 1 de l'article 2102, qui traite de la saisie-revendication, omet avec intention de mentionner la récolte de l'année, pour ne parler que des meubles garnissant la ferme ou la métairie.

Droit de saisie-gagerie. — Par la procédure ordi-

---

(1) A moins, toutefois, pour prévoir une hypothèse invraisemblable, que ces meubles garnissants ne soient pas des objets perdus ou volés que le preneur aurait restitués.

(2) Ce dernier point est très controversé.

naire de saisie-exécution, le bailleur ne peut faire saisir et vendre les meubles du colon qu'autant qu'il possède un titre exécutoire.

Lorsque le bail est verbal ou sous seing-privé, la nécessité de recourir à un jugement, pour avoir un titre exécutoire, laisserait au colon, pendant les délais de l'instance, la possibilité de détourner les objets affectés à la garantie de la créance du bailleur. Il est paré à ce danger par la procédure simple et rapide de la saisie-gagerie, qui permet au bailleur de faire mettre sous la main de la justice les meubles et récoltes de son débiteur ; le jugement, qui intervient dans l'instance en validité de la saisie-gagerie, donne au bailleur le titre exécutoire qui lui fait défaut.

Il suffit d'une simple sommation (1) pour que le bailleur, dès le lendemain, soit en droit de faire saisir.

En cas d'urgence, il peut faire saisir, immédiatement et sans sommation préalable, en obtenant, sur requête, permission du juge.

La demande en validité de saisie-gagerie est de la compétence du juge de paix, lorsque le principal de la contribution foncière de l'année courante multiplié par cinq n'est pas supérieur à 200 francs. Le juge de paix prononce sans appel jusqu'à la valeur de 100 francs (1).

(1) L'article 819 du Code de procédure emploie à tort le mot de *commandement*, puisque le commandement ne peut être fait qu'en vertu d'un titre exécutoire et que c'est précisément parce qu'on n'a pas de titre exécutoire qu'on recourt à la saisie-gagerie (Boitard et Colmet-Daage, II, 492).

En l'absence de toute stipulation, les avances faites au colon ne sont exigibles qu'après qu'il a pu se
procurer le moyen de les rembourser par la vente
de sa part de fruits. Il a été jugé que la saisie-gagerie
pratiquée auparavant devait être annulée comme pré-
maturée et avec dommages-intérêts (2).

Tous les meubles du colon sont saisissables à l'exception du coucher nécessaire aux saisis, de celui
de leurs enfants vivant avec eux et des habits dont les
saisis sont vêtus et couverts (art. 593, C. proc.).

(1) Loi du 25 mai 1838.
(2) Alger, 25 juin 1878 (S. 78, 2, 327).

Prescription.

« Toute action résultant du bail à colonat partiaire
» se prescrit par cinq ans à partir de la sortie du
» colon » (Loi du 18 juillet 1889, art. 12).

Le législateur a tranché d'une manière heureuse la
question délicate de savoir si la prescription de
cinq ans, édictée par l'article 2277 pour le prix des
baux à ferme, était applicable au métayage. Il a
adopté le principe de la prescription de cinq ans ;
mais, contrairement à l'article 2277, il n'a pas admis
de prescription distincte pour chaque redevance annuelle. Cette prescription est unique et ne commence
à courir qu'après la sortie du colon. D'autre part, elle
n'est pas limitée aux redevances et comprend, sans
distinction de créances et de créanciers, *toutes les actions* résultant du bail à colonat partiaire (1).

Comme toutes les prescriptions quinquennales de
l'article 2277, elle a son fondement dans une présomption de paiement et surtout dans un motif d'ordre public, dans une considération d'humanité et de
protection pour les colons.

---

(1) Les avances faites au colon pour les besoins de l'exploitation
tombent également sous le coup de cette prescription : la formule
générale de l'article 12 n'autorise aucune exception.

En l'établissant, le législateur a eu pour but de hâter l'apurement du compte d'exploitation, qui ne peut être retardé sans de grands inconvénients, après la sortie du colon.

Malgré sa précision, la disposition de l'article 12 n'est simple qu'en apparence, et il n'est pas sans intérêt de prévoir, pour en chercher la solution, les difficultés qui pourront se présenter dans son application.

Passons en revue quelques hypothèses :

1° Cinq ans se sont écoulés depuis la sortie du colon sans qu'il y ait eu apurement de compte : — toutes les créances sont éteintes. Passé ce délai, le règlement de compte, la reconnaissance de dette, le refus de prêter le serment déféré (1) sont sans effet sur cette prescription, parce qu'elle a son fondement principal dans un motif d'ordre public, comme toutes les prescriptions prévues par l'article 2277, et que l'aveu lui-même du débiteur n'établit point sa renonciation à la prescription acquise (2).

Mais puisque cette prescription a sa raison d'être dans une considération d'ordre public, dans une pensée d'humanité et de protection pour le colon — ces motifs faisant complètement défaut en ce qui concerne le propriétaire — faudra-t-il l'appliquer sans restriction, lorsque ce sera le colon qui se trouvera créancier

(1) Argument tiré de la place et des expressions mêmes des articles 2274 et 2275.

(2) Cass., 5 août 1878 (S. 79, 1, 304).

du reliquat? Faudra-t-il admettre une solution différente au cas d'aveu, de reconnaissance de dette, de règlement de compte survenus après l'expiration du délai de cinq ans — la prescription pour le bailleur ayant
son unique fondement dans une présomption de paiement? — Nous ne le pensons pas. Peu importe que
le reliquat de compte à payer soit à la charge du bailleur ou du colon ; peu importe que les motifs de la
prescription n'existent point à l'égard du bailleur : la
loi ne distingue pas ; elle vise toutes les actions résultant du bail ; elle assimile le propriétaire au colon.
Cette assimilation peut être regrettable; mais il n'appartient ni au juge ni à l'interprète de corriger la loi.

2° Dans les cinq années, il est intervenu un règlement de compte entre les parties, mais un simple règlement de compte, et le reliquat n'a pas été payé ;
ce règlement aura-t-il pour effet de substituer la prescription trentenaire à la prescription quinquennale ?
— Incontestablement, non : la novation ne se présume
pas ; il faut que la volonté de l'opérer résulte clairement de l'acte (art. 1273). Le règlement n'aura qu'un
simple effet interruptif sur la prescription, de telle
sorte qu'un nouveau laps de cinq années deviendra
nécessaire pour que les créances résultant du bail
soient éteintes.

3° Il y a eu règlement de compte, et le créancier du
reliquat a consenti à le laisser au débiteur à titre de
prêt ; — dans ce cas, il y a novation évidente. La
créance a sa cause dans un contrat nouveau. La pres-

cription de cinq ans n'a plus d'application ; les hypothèques ou privilèges qui garantissaient la créance
primitive s'éteignent avec elle ; et la prescription de
trente ans reste seule applicable désormais, conformément au droit commun.

CHAPITRE IV

§ 1. — **Arrivée du terme. — Congé.**

La fin ordinaire du contrat de métairie est l'expiration du temps pour lequel il a été contracté.

Ainsi, lorsque la durée du bail est déterminée par la convention, le bail finit de plein droit à l'époque fixée, sans qu'il soit nécessaire de donner congé.

Mais lorsque la durée n'a pas été déterminée, le bail à colonat partiaire ne prend fin que par le congé signifié, dans les délais d'usage, par la partie qui ne veut plus le continuer. La nouvelle loi, comme nous l'avons dit au chapitre de la durée du bail, repousse l'application des articles 1774 et 1775 du Code civil.

Le congé est une simple déclaration qui n'est soumise à aucune forme spéciale ; il peut être donné verbalement, par écrit ou signifié par huissier, et il n'est point nécessaire qu'il soit accepté. La preuve du congé se fait conformément au droit commun.

§ 2. — **Inexécution des conditions. — Résiliation.**

Le bail en cours peut être résilié dans le cas où l'une des parties se refuse à remplir ses engagements.

C'est la condition résolutoire, toujours sous-entendue
dans les contrats synallagmatiques. La résiliation n'a
pas lieu de plein droit ; elle doit être prononcée judiciairement, et le juge a plein pouvoir pour décider
suivant les cas s'il y a lieu de la prononcer, ou seulement d'allouer des dommages-intérêts en faveur de
la partie requérante. En parcourant les diverses obligations du bailleur et du colon, nous avons suffisamment signalé celles dont l'inexécution peut entraîner
la résiliation du contrat.

§ 3. — Résolution du droit du bailleur. —
Aliénation de la métairie.

Le droit du bailleur sur la métairie cesse lorsqu'il
en consent l'aliénation ou lorsque, n'en étant pas le
véritable propriétaire, il est évincé.

En cas d'éviction, le droit du colon prend évidemment fin avec celui du bailleur ; mais que faut-il décider en cas d'aliénation de la métairie ?

« S'il a été convenu, dit la nouvelle loi (art. 7), qu'en
cas de vente l'acquéreur pourrait résilier, cette résiliation ne peut avoir lieu qu'à la charge par l'acquéreur de donner congé suivant l'usage des lieux. —
Dans ce cas, comme dans celui prévu par le dernier
paragraphe de l'article précédent (mort du preneur), le
colon a droit à une indemnité pour les impenses extraordinaires qu'il a faites jusqu'à concurrence du profit qu'il aurait pu en tirer pendant la durée du bail ;
la résiliation en cas de vente est régie au surplus par
les articles 1743, 1749, 1750, 1751 ».

Aux termes de l'article 1743, l'acquéreur ne peut expulser le colon partiaire qui a un bail authentique ou dont la date est certaine, à moins que le propriétaire ne se soit réservé ce droit par le contrat de bail.

L'acquéreur à pacte de rachat ne peut user de la faculté d'expulser le preneur jusqu'à ce que, par l'expiration du délai fixé pour le réméré, il devienne propriétaire incommutable (art. 1751).

Le Code civil a rompu avec la tradition du droit romain et de l'ancien droit qui permettait toujours à l'acquéreur d'expulser le colon, à moins que le propriétaire n'eût fait du respect du bail une condition de la vente. Cette rigoureuse application des principes entraînait les conséquences les plus regrettables, en détournant les colons de toute amélioration par la crainte de n'en tirer aucun profit (1).

L'acquéreur peut expulser le colon dans deux cas : lorsque le bail n'est pas fait par acte authentique ou n'a pas date certaine avant la vente, et lorsque le bailleur s'est réservé le droit de résilier en cas de vente.

Dans le premier cas, l'acquéreur peut expulser le colon sans être tenu de dommages-intérêts (art. 1750)

---

(1) Mais faut-il aller jusqu'à dire que de personnel le droit du colon a été transformé en un droit réel par les rédacteurs du Code civil ? Cette opinion, soutenue notamment par Troplong, est aujourd'hui universellement rejetée ; le Code civil n'a pas innové, il n'a pas changé la nature du droit du preneur qui reste comme autrefois un droit personnel ; il s'est borné à sous-entendre désormais dans tous les baux une clause qui était devenue de style dans l'ancien droit et qui obligeait l'acquéreur à respecter le bail en cours.

et sans être obligé de lui donner congé (1). C'est là
une application de l'article 1328 ; il faut que les
actes aient date certaine pour être opposables aux
tiers et le colon est un tiers pour l'acquéreur. Il est
juste d'ailleurs que l'acquéreur ne soit pas exposé à
subir des baux antidatés, faits au lendemain de la
vente (2). Le colon n'aura donc que la ressource de
recourir contre son bailleur pour se faire indemniser
du préjudice qu'il lui cause ; mais il ne pourra exercer
le droit de rétention de la métairie jusqu'au paiement
des dommages-intérêts.

Dans le second cas, lorsque le bail a date certaine,
mais que le bailleur s'est réservé le droit de résilier
s'il vient à vendre le domaine (3), le colon ne peut
être expulsé par l'acquéreur qu'après congé donné
dans les délais déterminés par l'usage des lieux (4) et
paiement par le bailleur ou, à son défaut, par l'acquéreur des indemnités fixées préalablement dans le
bail lui-même ou déterminées par le juge. La résiliation reste toujours facultative pour l'acheteur.

Impenses extraordinaires du colon. — En matière
de louage ordinaire, l'indemnité due par le bailleur,
au cas de résiliation par l'acquéreur, est fixée au tiers

(1) Douai, 15 février 1865 (S. 65, 2, 293) ; Montpellier, 4 mars
1867 (S. 67, 2, 130).

(2) Guillouard, n⁰ 362 ; Laurent, XXV, n⁰ 389.

(3) Il n'est pas nécessaire que l'acte de vente concède expressément à l'acquéreur la faculté de résilier le bail ; ce dernier, en
tant qu'ayant cause du bailleur, succède à tous ses droits sur la
métairie.

(4) La disposition de l'article 1748 obligeant l'acquéreur à donner congé un an à l'avance n'a pas passé dans la nouvelle loi.

du prix du bail pour tout le temps qui reste à courir (art. 1746). L'application de cette disposition au colonat partiaire n'était pas sans difficulté ; elle ne tenait point compte, en outre, de la différence de situation qui sépare le fermier du colon, ce dernier n'étant astreint ni aux mêmes avances, ni aux mêmes risques. La nouvelle loi la repousse et décide qu'il y aura lieu d'indemniser le colon de ses impenses extraordinaires jusqu'à concurrence du profit qu'il aurait pu en retirer pendant la durée du bail.

Mais dans quels cas d'une façon générale le colon aura-t-il le droit de se faire indemniser de ses impenses extraordinaires ?

Aux termes de la loi (articles 7 et 8), l'indemnité est prévue dans trois cas : lorsque le bail est résilié par l'acquéreur, lorsqu'il est résolu par la mort du preneur et enfin lorsqu'il est résilié à la requête du bailleur en cas de perte partielle de la chose louée.

Il nous semble inadmissible que le législateur ait voulu déterminer limitativement les cas où cette indemnité devra être allouée. Il s'est borné à faire des applications de détail, mais par l'esprit qui l'a guidé, par les motifs qui l'ont inspiré, il indique suffisamment qu'il pose en principe général l'indemnité pour impenses extraordinaires du colon jusqu'à concurrence du profit qu'il en aurait tiré pendant la durée du bail.

Il nous semble donc qu'elle sera due toutes les fois qu'une résiliation imprévue, dont la cause n'est pas imputable au colon, l'empêche de tirer des améliorations faites le profit qu'il pouvait en attendre pendant toute la durée du bail.

Lorsque le bail finit normalement, il n'est pas dû d'indemnité au colon pour les améliorations qu'il a faites ; décider le contraire serait reconnaître au colon un droit dans la plus-value du domaine ; ce serait rendre absolument commun l'intérêt des parties et faire plus que le législateur n'a osé.

§ 4. — Perte de la chose louée.

Lorsque la métairie vient à être détruite en totalité, le bail prend nécessairement fin, puisqu'il n'a plus d'objet.

Lorsque la destruction de la métairie n'est que partielle, le bail continue ; mais le bailleur a le droit de se refuser à faire les réparations et les dépenses devenues nécessaires (art. 8) ; il pourrait se faire en effet qu'elles l'entraînassent dans des frais disproportionnés avec l'intérêt qu'il aurait à la continuation du bail. Dans de telles conditions, l'exploitation peut devenir onéreuse ; la partie subsistante de la métairie peut se trouver insuffisante pour répondre au but poursuivi par les contractants ; aussi la loi les autorise-t-elle à demander la résiliation du contrat.

L'article 1722 du Code civil refusait au bailleur, en cas de perte partielle, le droit de demander la résiliation du bail. La nouvelle loi, mieux inspirée, l'accorde indistinctement au bailleur et au preneur.

« Si la résiliation est prononcée à la requête du

bailleur, le juge appréciera l'indemnité qui pourrait être due au preneur, conformément au deuxième paragraphe de l'article 7 de la présente loi ». Il était à craindre en effet que certains propriétaires peu scrupuleux fussent tentés de profiter seuls, en demandant la résiliation, des dépenses extraordinaires faites par les colons.

§ 5. — **Mort du colon.**

« La mort du bailleur de la métairie ne résout pas le bail à colonat. — Ce bail est résolu par la mort du preneur ; la jouissance des héritiers cesse à l'époque consacrée par l'usage des lieux pour l'expiration des baux annuels » (art. 6).

La question de savoir si la mort du colon mettait fin au contrat de métairie avait toujours fait l'objet d'une vive controverse tant dans l'ancien droit que sous le Code civil.

Trois systèmes étaient en présence :

Le premier, partant de cette idée que le métayage était un contrat de société, s'appuyait sur l'article 1865 du Code civil pour soutenir que la mort naturelle de l'un des associés, du colon comme du propriétaire, mettait également fin au contrat.

Un second système, assimilant le métayage au bail à ferme (1), décidait, conformément à l'article 1742,

(1) C'était le système que la Cour de Paris avait adopté par une juste interprétation de la loi : « Considérant en droit, dit la Cour, que quelle que soit l'affinité qui rapproche en certains points le

que la mort du colon comme celle du bailleur ne mettait point fin au contrat.

Un troisième système, se basant sur la nature mixte du bail à colonage ou sur son caractère de contrat innommé, décidait que la mort du colon y mettait fin, mais que la mort du bailleur le laissait subsister. L'obligation du colon, disait-on, est une obligation de faire qui, par sa nature, est non seulement incessible, comme l'édicte l'article 1763, mais aussi intransmissible, aux termes de l'article 1122.

Troplong et Méplain, tout en admettant que le métayage n'était qu'une association, se rangeaient à cette solution et la motivaient sur cette considération que le colon seul était un associé choisi *intuitu personnæ* et que le propriétaire n'était pris que *intuiti negotii*, comme dans une société en commandite.

Quelle que fut, au point de vue juridique, la valeur de cette argumentation, de bonnes raisons militaient,

bail à colonage du contrat de société, ce bail n'appartient pas moins, par ses caractères essentiels, au contrat de louage, sous le titre duquel il a été classé par les rédacteurs du Code Napoléon ; qu'il suit de là qu'à défaut de disposition expresse, c'est par les règles générales du louage, et non par celles du contrat de société, que doivent être résolues les questions qui se rattachent à ce mode d'exploitation rurale ;

» Considérant qu'aux termes de l'article 1742 du Code Napoléon, le contrat de louage n'est résolu ni par la mort du preneur ni par celle du bailleur ;

» Considérant que l'article 1763, qui, pour le bail à colonage, contient une dérogation expresse à la faculté de sous-louer, posée en règle commune par l'article 1717, ne contient aucune dérogation à l'article 1742 pour le cas du décès du preneur ; d'où l'on doit nécessairement conclure que cette exception n'existe pas...... »
Paris, 21 juin 1856 (S. 56, 2, 560).

en législation, en faveur de cette dernière solution ; et c'est ce qu'a fait la nouvelle loi, sans cesser de traiter le bail à colonage comme un contrat de louage.

La continuation du bail, nonobstant la mort du colon, était souvent aussi préjudiciable à ses héritiers qu'au bailleur lui-même ; et l'assimilation, par le Code civil, du bail à ferme et du métayage, au point de vue de la transmissibilité, méconnaissait entre les deux contrats une différence profonde : dans le bail à ferme, c'est la solvabilité du preneur qui est prise surtout en considération par le bailleur, et cette solvabilité passe toujours aux héritiers ; dans le bail à colonat, au contraire, c'est l'aptitude professionnelle du colon, et cette aptitude peut souvent manquer à ses héritiers. La règle de l'article 6 se trouve ainsi plus favorable aux intérêts de l'agriculture et plus conforme à la nature particulière du louage à colonat partiaire.

Il importe de remarquer que le contrat ne prend fin par la mort du colon qu'autant que le colon était le seul preneur ; si le bail à colonat est consenti, à la fois, au mari et à la femme comme preneurs, ainsi que cela a lieu fréquemment dans le Centre, la mort du colon ou de sa femme ne met point fin au contrat ; le bail continue avec le preneur survivant. Il en est de même, *à fortiori*, quand plusieurs colons sont preneurs solidaires. Après la nouvelle loi, comme avant, le métayage n'est qu'un louage et ne participe aucunement du contrat de société.

L'article 6 *in fine* reconnaît avec raison que la jouis-

sance des héritiers du preneur ne peut cesser brus-
quement au milieu d'une année culturale, et qu'elle
doit continuer jusqu'à l'époque consacrée par l'usage
des lieux pour l'expiration des baux annuels. Pendant cette période, si les héritiers maintenus en jouissance n'exécutaient point les engagements résultant
du bail, le bailleur, conformément aux articles 1741
et 1764 du Code civil, pourrait obtenir l'expulsion im-
médiate. La Commission du Sénat a jugé inutile d'a-
jouter à l'article 6 une disposition en ce sens comme
le faisait le projet du gouvernement (1).

Enfin, comme nous l'avons dit plus haut, les héritiers ont droit à une indemnité pour les impenses
extraordinaires faites par le colon, jusqu'à concurrence du profit qu'ils auraient pu en tirer pendant la
durée du bail (art. 7).

§ 6. — Confusion.

Si le métayer acquiert la propriété de la métairie,
le bail cesse nécessairement.

§ 7. — Mutuel dissentiment.

Que le bail ait commencé ou non, les parties, d'un
commun accord, peuvent toujours rompre leurs engagements (art. 1134).

____

(1) Rapport de M. Clément.

CHAPITRE V

DE LA TACITE RECONDUCTION.

A l'expiration du bail dont la durée a été déterminée par les parties, si le colon *reste et est laissé en possession*, il s'opère tacitement un nouveau bail qui, d'une façon générale, reproduit les conditions de l'ancien.

La tacite reconduction est donc une convention présumée entre le propriétaire de l'immeuble et le colon pour la continuation de la location.

La tacite reconduction a toujours joué un grand rôle dans le bail à colonage ; c'est à elle qu'est due la longue stabilité des colons dans les mêmes domaines ; elle était usitée à Rome et la plupart de nos Coutumes l'admettaient (1). Cette institution pourtant si utile à l'agriculture fut proscrite des baux ruraux par le droit intermédiaire ; la loi des 28 septembre-6 octobre 1791 portait en son article 4 (section II, titre 1er) : « la tacite reconduction n'aura plus lieu à l'avenir au bail à ferme ou à loyer des biens ruraux ». Les rédacteurs du Code ne la rétablirent qu'avec hésitation. Cette prévention semble avoir été le résultat d'idées peu exactes. Tronchet craignait que la tacite recon-

(1) Pothier, *Du louage*, n° 343.

duction ne permît au preneur de surprendre le bailleur éloigné de son domaine, par l'exécution de quelques labours hâtifs, et Treilhard, tout en soutenant le projet des articles 1738 et 1776, pensait que, dans l'ancien droit, elle s'opérait par le seul fait du preneur (1), alors qu'en réalité, elle reposait sur l'accord tacite, mais réel des deux parties.

Par la tacite reconduction, ce n'est pas l'ancien bail qui continue, c'est, comme le dit l'article 1738, un bail nouveau qui se forme ; et de ce qu'il repose sur le consentement tacite des parties, il suit qn'elles doivent avoir encore la capacité requise pour donner et prendre à bail. De plus, pour que la tacite reconduction ait lieu, il faut que les faits révèlent suffisamment la double intention du colon de recommencer un bail et du propriétaire de le laisser recommencer. Il ne suffirait pas que le colon, resté en possession à l'expiration du bail, eût fait quelques actes de culture ; il faut que le bailleur ait su que le colon se maintenait sur la métairie et n'ait rien fait pour l'en expulser (2). Quant à préciser combien devra durer la jouissance du colon pour faire présumer la tacite reconduction, c'est une question de fait laissée à la souveraine appréciation des tribunaux.

S'il y a plusieurs preneurs, la tacite reconduction n'existera que pour ceux qui sont restés en jouissance après l'expiration du bail.

(1) Discussion au Conseil d'Etat, séance du 9 nivôse an XII ; Fenet, t. XIV, p. 240 et suiv. ; Delaplanche, *Du bail à colonat partiaire*, p. 246.

(2) Cass., 9 février 1875 (D. 76, 1, 27).

Lorsqu'il y a eu congé signifié, le preneur, quoiqu'il ait continué sa jouissance, ne peut invoquer la tacite reconduction (art. 1739). Le preneur ne saurait en effet s'autoriser du consentement tacite du bailleur à recommencer un nouveau bail, puisque ce dernier, par la signification du congé, a expressément manifesté l'intention contraire.

Il ne faudrait pas exagérer pourtant la portée de l'article 1739 : il peut résulter des faits à la suite desquels le colon conserve la jouissance malgré le congé signifié, que le propriétaire, après en avoir eu connaissance, ait consenti réellement à la prorogation tacite du bail (1). Souvent, en effet, la signification du congé n'est qu'une mesure comminatoire, destinée uniquement à arracher au colon de meilleures conditions.

Le bail opéré par la tacite reconduction est présumé fait aux mêmes clauses et conditions que le premier. Telle est, sans aucun doute, la volonté des parties, puisqu'elles n'ont point manifesté l'intention d'innover. La quotité de la redevance et les diverses prestations accessoires restent les mêmes ; rien n'est changé non plus dans l'étendue du pouvoir de surveillance et de direction.

Le nouveau bail cependant n'est pas la reproduction absolue de celui qui est expiré : aux termes de

____

(1) Guillouard, n° 600 ; Troplong, t. II, n° 457 ; Duvergier, t. II, n⁰ˢ 23 et 504 ; Aubry et Rau, IV, § 369 ; Lyon, arr. 23 juillet 1874 (S. 75, 2, 70)

l'article 1940 du Code civil « la caution donnée pour le bail ne s'étend pas aux obligations résultant de la prolongation ». Il est évident que celui qui a cautionné les engagements du colon devient étranger au nouveau contrat, et que son obligation ne peut s'accroître, en dehors de son consentement, par l'effet d'une convention ultérieure. Quant aux hypothèques consenties par le preneur lors du premier bail, elles tombent également : la constitution d'hypothèque, acte solennel exigeant la forme authentique, ne peut résulter d'une simple présomption de consentement, qui suffit à former la tacite reconduction.

Le nouveau bail diffère encore de l'ancien par sa durée.

Depuis là loi du 18 juillet 1889 (art. 13), les articles 1774, 1775, 1776 ne sont plus applicables au bail à colonat partiaire (1). La durée de la tacite reconduction est réglée par les articles 1736 et 1738 du Code civil.

Il résulte de ces textes que le nouveau bail est régi comme un bail à durée indéterminée « bail sans écrit ». Il ne finit jamais de plein droit ; mais bailleur et preneur peuvent y mettre fin chaque année, en se signifiant congé dans les délais fixés par l'usage des lieux.

C'est, de la part du législateur, une innovation heureuse ; elle tient compte à la fois, dans la mesure possible, et des avantages de la longue stabilité des colons sur les domaines et des inconvénients qu'il y

____

(1) Voir pages 143 et 144.

aurait pour le bailleur et le preneur, quand la mésin-
telligence vient à s'établir entre eux, à se trouver dans
l'obligation regrettable, comme le disait M. Peaudecerf au Sénat, de rester attachés l'un à l'autre, au plus
grand détriment de leurs intérêts communs.

CODE RURAL

TITRE IV

BAIL A COLONAT PARTIAIRE

(Loi du 18 juillet 1889).

ARTICLE PREMIER. — Le bail à colonat partiaire ou métayage est le contrat par lequel le possesseur d'un héritage rural le remet pour un certain temps à un preneur qui s'engage à le cultiver sous la condition d'en partager les produits avec le bailleur.

ART. 2. — Les fruits et produits se partagent par moitié, s'il n'y a stipulation ou usage contraire.

ART. 3. — Le bailleur est tenu à la délivrance et à la garantie des objets compris au bail. Il doit faire aux bâtiments toutes les réparations qui peuvent devenir nécessaires. Toutefois, les réparations locatives ou de menu entretien qui ne sont occasionnées ni par la vétusté, ni par force majeure, demeurent, à moins de stipulations ou d'usage contraires, à la charge du colon.

ART. 4. — Le preneur est tenu d'user de la chose

louée en bon père de famille, en suivant la destination qui lui a été donnée par le bail ; il est également tenu des obligations spécifiées pour le fermier par les articles 1730, 1731 et 1768 du Code civil.

Il répond de l'incendie, des dégradations et des pertes arrivées pendant la durée du bail, à moins qu'il ne prouve qu'il a veillé à la garde et la conservation de la chose en bon père de famille.

Il doit se servir des bâtiments d'exploitation qui existent dans les héritages qui lui sont confiés, et résider dans ceux qui sont affectés à l'habitation.

ART. 5. — Le bailleur a la surveillance des travaux et la direction générale de l'exploitation, soit pour le mode de culture, soit pour l'achat et la vente des bestiaux. L'exercice de ce droit est déterminé, quant à son étendue, par la convention, ou, à défaut de convention, par l'usage des lieux.

Les droits de chasse et de pêche restent au propriétaire.

ART. 6. — La mort du bailleur de la métairie ne résout pas le bail à colonat.

Ce bail est résolu par la mort du preneur ; la jouissance des héritiers cesse à l'époque consacrée par l'usage des lieux pour l'expiration des baux annuels.

ART. 7. — S'il a été convenu qu'en cas de vente l'acquéreur pourrait résilier, cette résiliation ne peut avoir lieu qu'à la charge par l'acquéreur de donner congé suivant l'usage des lieux.

Dans ce cas, comme dans celui qui est prévu par le dernier paragraphe de l'article précédent, le colon a droit à une indemnité pour les impenses extraordinaires qu'il a faites jusqu'à concurrence du profit qu'il aurait pu en tirer pendant la durée de son bail ; la résiliation en cas de vente est régie au surplus par les articles 1743, 1749, 1750 et 1751 du Code civil.

Art. 8. — Si, pendant la durée du bail, les objets qui y sont compris sont détruits en totalité par cas fortuit, le bail est résilié de plein droit. S'ils ne sont détruits qu'en partie, le bailleur peut se refuser à faire les réparations et les dépenses nécessaires pour les remplacer ou les rétablir. Le preneur et le bailleur peuvent, dans ce cas, suivant les circonstances, demander la résiliation.

Si la résiliation est prononcée à la requête du bailleur, le juge appréciera l'indemnité qui pourrait être due au preneur conformément au deuxième paragraphe de l'article 7 de la présente loi.

Art. 9. — Si, dans le cours de la jouissance du colon, la totalité ou une partie de la récolte est enlevée par cas fortuit, il n'a pas d'indemnité à réclamer du bailleur.

Chacun d'eux supporte sa portion correspondante dans la perte commune.

Art. 10. — Le bailleur exerce le privilège de l'article 2102 du Code civil sur les meubles, effets, bestiaux et portions de récolte appartenant au colon, pour le payement du reliquat du compte à rendre par celui-ci.

Art. 11. — Chacune des parties peut demander le règlement annuel du compte d'exploitation.

Le juge de paix prononce sur les difficultés relatives aux articles du compte, lorsque les obligations résultant du contrat ne sont pas contestées, sans appel, lorsque l'objet de la contestation ne dépasse pas le taux de sa compétence générale en dernier ressort, et à charge d'appel à quelque somme qu'il puisse s'élever.

Le juge statue sur le vu des registres des parties ; il peut même admettre la preuve testimoniale s'il le juge convenable.

ART. 12. — Toute action résultant du bail à colonat partiaire se prescrit par cinq ans, à partir de la sortie du colon.

ART. 13. — Les dispositions de la section première du titre du louage contenues dans l'article 1718, et dans les articles 1736 à 1741 inclusivement, et celles de la section 3 du même titre, contenues dans les articles 1766, 1777 et 1778, sont applicables aux baux à colonat partiaire. Ces baux sont en outre régis, pour le surplus, par l'usage des lieux.

POSITIONS

Positions prises dans la thèse.

DROIT ROMAIN.

I. — A Rome, comme dans toute l'antiquité, le colonage fut une variété du louage.

II. — La *merces* pouvait consister en une quote-part de fruits (p. 38).

III. — Le *partage* des fruits n'était qu'un acte matériel, sans caractère juridique (p. 40 et 54).

IV. — La loi de *Gaius* n'établit aucunement que le colonage soit un contrat de société (p. 41).

V. — Le *politor* n'était pas un colon partiaire (p. 43).

VI. — La redevance en nature due par le colon partiaire n'était pas uniforme dans sa quotité comme à notre époque.

DROIT FRANÇAIS.

I. — Le bail à ferme a précédé le bail à métairie (p. 85 et suiv.).

II. — Le bail à métairie ne participe aucunement du contrat de société.

III. — Il n'y a pas entre bailleur et colon une entière union d'intérêt (p. 114 et suiv.).

IV. — L'indivision, qui nécessite le partage des fruits, a sa cause dans l'article 1138 (p. 123 et suiv.).

V. — La femme séparée de biens ne peut faire des baux de plus de 9 ans (p. 136, note).

VI. — La loi du 5 novembre 1790 n'interdit pas le bail à colonat pour les biens de l'État, des départements et des communes (p. 138).

VII. — Dans le bail à colonage, le privilège du bailleur ne peut s'appliquer aux redevances à échoir (p. 232 et suiv.).

VIII. — Le droit de direction, en cas de silence de la convention ou de l'usage, n'est pas un droit illimité (p. 219 et suiv.).

Positions prises en dehors de la thèse.

DROIT ROMAIN.

I. — L'action négatoire n'admettait pas d'exception à la règle : *onus probandi incumbit actori*.

II. — Dans le contrat de société, les bénéfices et les pertes se partageaient par parts égales et non par parts proportionnelles aux mises, s'il n'y avait convention contraire.

III. — L'interdit *salvien* pouvait être intenté soit contre le fermier, soit contre tout tiers détenteur.

IV. — Le juge devait condamner le possesseur de mauvaise foi à restituer non seulement les fruits perçus, mais même ceux qu'il a négligé de percevoir.

DROIT FRANÇAIS.

I. — Dans une institution contractuelle faite par deux époux au profit d'un tiers, la clause par laquelle ils *se réservent la faculté de disposer d'une somme déterminée* constitue la réserve d'un droit réel pour chacun d'eux par moitié ; et l'époux survivant, si le prémourant n'a pas usé de cette faculté, ne peut disposer de l'intégralité de la réserve.

II. — Les héritiers d'un donateur ne peuvent pas opposer au donataire le défaut de transcription.

III. — A moins d'une clause contraire, le vendeur, qui est resté en possession de l'immeuble vendu, n'est pas un détenteur précaire et peut prescrire par 30 ans.

IV. — La revendication d'objets mobiliers, permise en cas de vol ou de perte, ne peut avoir lieu en cas d'abus de confiance et d'escroquerie.

CODE PÉNAL.

I. — Il n'y a pas crime d'enlèvement d'enfant prévu et puni par l'article 354 du Code pénal, dans le fait d'une mère qui, après un jugement de divorce confiant la garde des enfants au père, se cache avec ses enfants et les soustrait ainsi à l'autorité paternelle.

II — L'assimilation de la tentative de crime au crime lui-même constitue dans le Code pénal une disposition contraire à l'équité.

ÉCONOMIE POLITIQUE.

I. — La petite culture, quand elle est faite par le propriétaire lui-même, est un mode d'exploitation préférable à la grande culture.

II. — Les critiques dirigées contre l'emploi des machines dans l'industrie ne sont pas fondées.

Vu :

Le Doyen,
COLMET DE SANTERRE.

Vu :
Le Pésident de la thèse,
A. BOISTEL.

Vu et permis d'imprimer :
Le Vice-Recteur de l'Académie de Paris,
GRÉARD.

TABLE DES MATIÈRES

DROIT ROMAIN

———

DROIT FRANÇAIS

CHAPITRE IV. — **Fin du bail à colonat partiaire.**

CHAPITRE V. — **De la tacite reconduction.**

Imp. G. Saint-Aubin et Thevenot, Saint-Dizier (Hte-Marne). 30, passage Verdeau, Paris.